DIE LETZTEN TAGE DER HUNDEMENSCHEN

BRAD WATSON

DIE LETZTEN TAGE DER HUNDEMENSCHEN

Erzählungen

Deutsch von Eike Schönfeld

BERLIN VERLAG

Die Originalausgabe erschien 1996 unter dem Titel
Last Days of the Dog-Men
bei W. W. Norton & Company Inc. in New York

Umschlaggestaltung:
Nina Rothfos und Patrick Gabler, Hamburg
Gesetzt aus der Aldus
Druck & Bindung:
Freiburger Graphische Betriebe
Printed in Germany 1997
ISBN 3-8270-0226-5

Gedruckt auf chlor- und säurefreiem Papier

Für Jason, Owen, Bonnie
und Jeanine

INHALT

Letztlich ist der Hund … mit seiner beständigen Präsenz
in der menschlichen Erfahrung,
dazu mit seiner Nähe zur ungezähmten Welt,
das Alter ego des Menschen selbst.

David Gordon White
Myths of the Dog-Man

AGNES AGONISTE

Agnes Menken, der das linke, und Bob die Bulldogge, dem das rechte Auge fehlte, saßen oft zusammen auf ihrer Veranda, Agnes auf ihrem Schaukelstuhl und Bob auf ihrem Schoß. Gemeinsam konnten sie alles kommen sehen, Bob auf der einen Seite und Agnes auf der anderen. Stets schien es, als starrten sie geradeaus, in Wirklichkeit aber blickten sie nach beiden Seiten.

War Bobs schlimmes rechtes Auge zugenäht, so hatte Agnes ein falsches, das wanderte. Es war ihr klar, daß es den Leuten oft schwer fiel zu sagen, welches Auge nun das heile war, also blickte sie sie manchmal eine Weile mit dem heilen an und dann, wenn sie sich darauf eingestellt hatten, schaltete sie um und blickte sie mit dem falschen an, das klar war und ihr eine unverhohlene, schwer erträgliche Distanziertheit verlieh. Am Rand des Sehfelds ihres heilen Auges konnte sie die allgemeine Bestürzung erkennen, die dies auslöste.

Trotz seiner Jahre und seines zugenähten Auges war Bob so kräftig und fit wie ein junger Hund. Das blieb er auf natürliche Weise, wie es bei Hunden seiner Art der Fall ist, da sie den Stoffwechsel aller kleinen muskulösen Tiere haben. Er war fest, kompakt – genau wie ihr verstorbener Mann Pops, aber das gerade Gegenteil von Agnes, die hager war. Eigentlich war er Pops' Hund gewesen, der Sohn, den er nie gehabt hatte, wie sie vermutete. Insofern hatte Agnes sich bestenfalls als Stiefmutter gefühlt, hatte ein ganz klein wenig abseits gestanden. Pops und Bob hatten einander verstanden, eine Art Sprache geteilt, die nur sie verstanden hatten, wohingegen Agnes nie sicher sein konnte, ob Bob ihr zuhörte oder nicht.

Dennoch waren sie und Bob in dem Jahr nach Pops' Tod einander näher gekommen. Sie hatten ihren gemeinsamen Alltag. Bob fraß zweimal am Tag, morgens und abends. Tagsüber durfte er so lange draußen in dem umzäunten Garten bleiben, wie er wollte. Nachts schlief er auf Agnes' Bett, unten am Fußende. Und jeden Abend, einmal früh und einmal spät, führte sie ihn zum Pinkeln hinaus in den Garten. Ein Nachbar, der durch seinen Garten schlenderte, um den Mond zu betrachten, mochte sehen, wie das Licht auf ihrer hinteren Veranda anging, die Tür aufknarrte, Bob aufs Gras herausschoß und knurrend und grunzend, wie bei Bostoner Bulldoggen üblich, im Dunkeln am Ende des Gartens herumsauste. Doch Agnes hatte nicht die Geduld mit ihm, die Pops hatte, wenn Pops am Küchentisch saß und rauchte, Kaffee trank und wartete, bis Bob wieder an die Tür gebummelt kam und um Einlaß bellte. Nun hatte Bob kaum Zeit zu pinkeln, bevor die Tür in ihren Angeln knarrend wieder aufging und Agnes nörgelnd nach ihm rief: »Wo bist du denn? Was machst du denn da hinten? Komm jetzt. Komm, mach dein Geschäft. Was machst du da? Komm. Komm rein und iß zu Ende. Ich will schlafen gehen. Komm jetzt hier rein. Wo bist du denn? Bitte, Bob. Ich bin müde. Was machst du denn da? Komm rein. Los. Komm.« Dann blieb Bob stehen, schnüffelte herum, ließ einen kurzen Strahl in die Piassave schießen, strullte im sanften Bogen auf die Rinde des Popcornbaums und sprang dann zurück ins Licht der Veranda. Und sie zog die Tür zu, schob alle drei wirkungslosen Riegel vor, knipste das Küchenlicht aus und tastete sich den Gang entlang zum Bett.

Bis auf das Nachbarhaus auf der Ostseite, wo der Professor mit seiner Frau und den zwei kleinen Mädchen lebte, war ihre Gegend, so schien es Agnes, voller Witwen. Im Nachbarhaus auf der Westseite lebte Lura Campbell, vierundachtzig Jahre alt, die unbedingt jeden Tag Auto fahren mußte. Es ging ganz gut, wenn sie erst einmal aus ihrer azaleengesäumten Einfahrt heraus war, doch am schlimmsten war es immer, wenn sie versuchte, darauf zurückzusetzen. An diesem Morgen lag Agnes im Bett und hörte mit an, wie Luras alter Impala keuchend ansprang, auf R klackte, ein Stückchen zurücksetzte und dann *schrrrr* in die Azaleen geriet. Klack klack auf D, wieder vorwärts. Klack klack auf R, wieder rückwärts. *Schrrrr* in die Azaleen. Klack klack auf D, wieder vorwärts. Klack klack auf R, wieder rückwärts. *Schrrrr* in die Azaleen. Die ganze Einfahrt entlang. Machte Agnes wahnsinnig. Sie hatte zu Lura gesagt, ich begreife nicht, warum du jeden Morgen unbedingt wegfahren mußt. Na, ich möchte es eben, sagte Lura. Ich sehe keinen Sinn darin, nur einfach so zu fahren, sagte Agnes. Na, sagte Lura, ich muß eben einfach irgendwohinfahren, ich kann nicht im Haus herumhocken.

Agnes wollte nicht wie Lura enden, als eine ziellose, tatterige Wanderin, die in ihrem alten Automobil mitten auf der Straße fuhr und zur Gefahr für Hunde und Kinder wurde. Sie hoffte, daß etwas geschah, was sie aus der Welt beförderte, bevor sie so wurde, daß sie im Schlaf sterben oder einfach irgendwie verschwinden konnte, durch die Hand Gottes in Luft aufgelöst. Sie hatte ihren Frieden mit Gott gemacht, auch wenn sie die Religion nie gemocht hatte. Angst vor Gott hatte sie jedenfalls keine, wie früher einmal, ohne daß ihr das bewußt gewesen wäre. Sie würde Gott gegenübertreten wie jedem anderen auch, mit Würde, nicht ohne ihrerseits ein wenig Respekt zu verlangen. Sie hatte Gott nie willentlich beleidigt, hatte Ihn nur ein wenig ignoriert, wie alle anderen auch. In letzter Zeit aber hatte sie im stillen gesagt: Wenn ein Zeitpunkt kommt, zu dem es Dir passend erscheint, dann los.

Sie dachte: Vielleicht sehe ich dann Pops, und mit zwei heilen Augen.

Sie fischte ihr gläsernes aus der kleinen Lösungsschale auf dem Nachttisch, drückte es hinein und schwenkte die Beine von der Bettkante. Sobald ihre Zehen den kühlen, kahlen Boden berührten, war auch schon Bob da, machte um sie herum Luftsprünge wie ein Zirkushund.

»Weg«, wedelte sie zu ihm hin, während sie in die Küche schlurfte, Kaffee machen. »Weg.«

Als der Kaffee fertig war, goß sie sich einen Becher ein, ging damit auf die Veranda, und kaum hatte sie den Stuhl berührt, sprang Bob ihr auch schon auf den Schoß, drehte sich einmal um sich selbst und nahm seine sphinxartige Pose ein, um den Verkehr zu beobachten.

Carolyn Barr und April Ready gingen flott vorbei, die Arme wie Majoretten schwingend. Sie winkten, Agnes nickte. Die Frauen, um die Sechzig, hatten Beine wie Dreißigjährige.

»Erstaunlich, Bob«, brummelte Agnes. »Ich weiß genau, warum denen die Alten abgekratzt sind.«

Sie und Pops hatten, was das betraf, ein ihrer Ansicht nach normales Leben geführt. Zum Ende hin hatte Pops zunehmend das Interesse daran verloren, und sie hatte das nicht weiter gestört. In Wahrheit hatten sie das Peinliche nie so recht überwunden. Sie hatte immer gefunden, mehr Sex wäre ganz gut gewesen, doch sie hatte es Pops gegenüber nie zur Sprache gebracht. Es wirkte frivol. Sie hatten nie über Sex geredet, nicht einmal das Wort gebraucht. Sie hatte immer gearbeitet, genau wie er. Vierzig Jahre! Vierzig Jahre im

Elektrizitätswerk. Er hatte in der Eisengießerei die Buchhaltung gemacht, bis zum Ende. Er war Kettenraucher, hatte Brillengläser so dick wie Colaflaschen, und wenn er rauchend nach Hause kam, dann sah es aus, als strömte der Dampf vom Werk aus seinen dicken Fenstern in die Welt hinaus. Als der Schlag ihn traf, fiel er in einen Haufen Gießereisand und erstickte.

An dem Tag, als Pops gestorben war, war die Witwe Louella Marshall (eine Baptistin) vorbeigekommen. Ihr Mann Herbert war da schon zehn Jahre tot gewesen, und seitdem hatte sie mit einem Mann nicht einmal zusammen Kaffee getrunken. Sie habe ihre Kirche geheiratet, hatte sie gesagt. Agnes konnte sie nicht ausstehen, weil sie so selbstgefällig wirkte, und Agnes konnte nicht glauben, daß sie keine Heuchlerin, keine religiöse Tyrannin war, die selbst eine Heidenangst vor dem Sterben hatte und fürchtete, sie komme in die Hölle, weil sie insgeheim gewünscht hatte, ihr tyrannischer Mann solle sterben und sie in Ruhe lassen. Agnes hatte keine Angst davor, in die Hölle zu kommen, aber als Louella in ihrem Sessel saß und so tat, als wollte sie sie trösten, indem sie ihr sagte, Gott habe Pops zu sich in den Himmel genommen, war sie so sauer geworden, daß sie ihre Tasse Kaffee mitsamt der Untertasse in die Küche brachte und in die Spüle pfefferte. Sie gab nicht einmal vor, sie aus Versehen fallen gelassen zu haben.

Danach träumte sie eine Zeitlang häufig, sie schwämme mitten im Ozean, kräftig wie einer dieser Irren, dieser Kanalschwimmer. Doch dann gab es plötzlich ein donnerndes Geräusch, und als sie aufblickte, sah sie, daß sie am Rand der Welt war, und ein Tier mit dem Leib eines Drachens und dem Gesicht von Pops erhob sich, und das wurde dann zu dem Hundegesicht Bobs, und dann wachte sie in ihrem Schlafzimmer auf, wo das blaue Nachtlicht die feuchte Luft wie Wasser erscheinen ließ und der Wind durch das Fenster wie die Dünung des Ozeans klang und sie einige Minuten brauchte, um sich wieder zu beruhigen und zu hören, wie Bob am Fußende ihres Bettes, selbst in einem Traum, grunzte und strampelte.

Da hatte sie dann erkannt, daß sie Angst vor dem Sterben hatte, Angst davor, was mit Pops geschehen war. Doch sie konnte nicht wie Louella sein und glauben, daß dies Gottes Wille war, daß er sich Pops wie ein Attentäter herausgegriffen hatte. Sie beschloß, sich der Möglichkeit ihres Todes mit Würde zu stellen, indem sie ihn herausforderte, die Tür unverschlossen ließ, und daß sie die Sache auf diese Weise selbst bestimmte und keine Angst mehr hätte. Wir alle kennen den Tod besser, als wir glauben, sagte sie bei sich.

Die einzige, die an jenem Tag in ihrem Haus etwas Interessantes gesagt hatte, war die arme Lura Campbell gewesen, die klein und stumm auf Agnes' riesigem altem Sofa gesessen und ihren Kaffee getrunken und gesagt hatte, nachdem ein langes Schweigen im Zimmer geherrscht hatte: »Ich glaube, wenn ich nach Lesters Tod alles noch einmal hätte machen müssen, dann hätte ich Reisen unternommen.«

Louella Marshall sagte: »Na, Lura, wo in aller Welt wärst du denn hin? Nach Florida?«

»Ach, ich weiß nicht«, sagte Lura. »Ich hätt' mich einfach in mein Auto gesetzt und wär' losgefahren.«

Lura und ihr Auto.

Agnes verkehrte mit keiner der Witwen. Sie besorgte den Garten und kümmerte sich um Bob und hielt das Haus einigermaßen sauber und hielt nach seltenen Vögeln an ihren Futterkästen Ausschau. Viele seltene Vögel sah sie nicht, was ganz natürlich war, da sie eben selten waren, hin und wieder machten eine Weidenmeise oder ein Purpurgimpel die Sache aber doch ganz interessant.

An warmen Tagen sonnte sie sich in ihrem Lehnstuhl hinten auf der Terrasse, die Augen vor dem Gleißen und der Hitze fest geschlossen, wobei sie die ganze Zeit mit Bob redete. Sie konnte ihn wie ein Schwein grunzen und schnüffeln und umherwühlen hören. War er still, richtete sie sich auf und sah nach, ob jemand gekommen war, und lehnte sich dann wieder zurück. Sie haßte Sonnenbaden, doch es war gut gegen ihre Psoriasis und trug zur Bekämpfung ihrer natürlichen Blässe bei, derentwegen sie sich vorkam wie die kleinen Höhlenfrösche, die sie einmal auf einem Ausflug in die Berge mit Pops gesehen hatte. Kleine rote Augen und alles übrige durchsichtig wie eine Qualle, man konnte sehen, wie die kleinen Herzen pumpten und die Adern hüpften, als wäre ihre Haut aus Glas.

Manchmal erbot sie sich, mit den kleinen Mädchen von nebenan ins Schwimmbad zu gehen. Schwimmen tue ihr gut, meinte der Arzt, und Agnes hatte sich im Wasser immer wohlgefühlt. Viel von ihr war dabei nicht über der Oberfläche, da sie dazu zu schmal war, doch sie war gern unter Wasser, glitt mit steten Brustzügen dahin wie ein langer langsamer Fisch. Es gefiel ihr, wie alles unter Wasser aussah, die stille und helle Welt, die fremdartig wirkte wie ein Traum, sehr intim und gleichzeitig fern.

Nach dem Schwimmen neben dem Becken in der Sonne zu liegen war angenehmer, als hinten in ihrem blöden Garten zu bräunen, wo Bob ständig herumschnüffelte. Dann nahm sie eine Bürste und bürstete sich die nassen Haare zurück und ließ sie einfach so. Sie konnte nichts mehr damit anfangen, sie wurden schon ganz dünn und krüsselig. Das Grau war ihr gleich. Sie ließ Sherilyn sie einfach kurz schneiden und sich eine kleine Dauerwelle legen. Einmal die Woche ließ sie sie sich von ihr waschen. Sie wußte, kurze Haare machten ihren Hals länger, aber da war nun mal nichts zu machen. Ihr heiles Auge war ein bißchen kleiner als das falsche und von der Anstrengung ein bißchen gerötet, ihre Nase ein bißchen zu lang, und ihr Rücken wegen einer nicht eben idealen Haltung ein kleines bißchen zu weit vorgebeugt. Das konnte sie sehen, wenn sie an einem Schaufenster vorbeiging und ihr Spiegelbild sah. Zudem waren ihre Finger auch noch von einer leichten Arthritis geschwollen, und an Armen und Beinen hatte sie die verblaßten, verheilten Male einiger weniger kleiner psoriatischer Stellen. Es war gut, daß sie auf Äußerlichkeiten nie viel gegeben hatte. Und nach dem Schwimmen, wenn ihre Muskeln von der körperlichen Bewegung prickelten, gab sie noch weniger darauf.

Dennoch, ein wenig Bräune schien all dem gut zu tun und trug auch zu einer natürlichen Ausstrahlung bei, und vor ihrem geistigen Auge strebte sie nach einem würdigen Aussehen und verglich sich innerlich mit einem großen grauen Kranich an einer Bucht oder einem See, und sie bemühte sich, jene Würde im Sinn, um eine solche Haltung. Sie ging langsam und bewußt wie ein Kranich und hielt, ohne es zu merken, auch den Blick starr wie ein solcher, wenn er nach Fischen Ausschau hielt oder einfach nur dahinstolzierte.

Bei ihrem Interesse für Vögel und den drei Futterkästen, die sie im Garten hatte, war das ein ganz natürlicher Vergleich.

»Sieh mal da, Bob«, sagte sie etwa. »Ich glaube, da drüben pickt eine Ammer herum.« Bob starrte sie mit zugeklapptem Maul an. Dann ließ er wieder die Zunge heraushängen und fing an zu hecheln.

Manchmal vergaß sie, daß Pops ja damit angefangen hatte, die Vögel zu beobachten. Jedenfalls, sie zu füttern. Er hatte die Futterkästen in seiner Werkstatt in der Garage gebaut. Dann hatte er angefangen, ein wenig darüber zu lesen, und verfolgte, wann sie kamen und gingen, und im Frühjahr saß er mit ihr in der

Küche, trank Kaffee und kündigte ihr Eintreffen aus Argentinien, Paraguay, Brasilien und Venezuela, Peru und Kolumbien und Costa Rica an. »Nonstop von Yukatan bis hierher geflogen«, sagte er etwa. »Kurzen Zwischenstopp an der Küste eingelegt.«

Und einmal fuhr er mit ihr um diese Zeit hin. Sie zogen ihre Sonnensachen an, leichte, langärmelige Hemden und Khakihosen und Tennisschuhe und helle Socken, breite Hüte, Sonnenbrillen und Fernstecher. Sie fuhren über die Strandstraße zum alten Fort und kampierten dort zwei Tage auf dem Gelände mit einem Haufen seltsamer Leute, die sich Vogelgucker nannten, und spazierten die Sandwege entlang, und Pops machte sich in einen kleinen Spiralblock Notizen.

An einem Tag standen sie am Strand, und plötzlich fielen Vögel aus dem Himmel.

»Oh«, rief einer der Vogelgucker, »ein Tangaren-Niederschlag.« Eine vorübergehende Bestürzung ergriff Agnes, die das Wort natürlich mit seiner nuklearen Bedeutung assoziierte. Doch dann begriff sie, als Vögel überall um sie herum auf den weißen Sand klatschten. Leuchtendrote Vögel mit schwarzen Flügeln und schwarzem Schwanz, darunter auch mattgelbe Vögel.

Ein paar Minuten hatten sie reglos dagestanden, wie alle andern auch, und dann begannen die Leute, sich auf Hände und Knie niederzulassen und Nahaufnahmen von den Vögeln zu machen, die zu erschöpft waren, um auch nur eine Feder zu bewegen. Die Leute hoben sie auf und streichelten sie und setzten sie wieder hin. Bevor sie ihn daran hindern konnten, begann Bob – der behutsam einen Vogel beschnüffelt hatte –, sie ins Maul zu nehmen und ihr und Pops wie Geschenke vor die Füße zu legen. Einige der Vogelgucker regten sich auf und brüllten herum wie die Irren, bis Pops Bob wieder an die Leine nahm und ihn davon abhielt, noch mehr Tangaren zu apportieren.

»Das ist kein Retriever«, sagte Pops später. »Der ist dafür geschaffen, kleine Tiere zu töten. Wahrscheinlich weiß er, daß wir Vögel mögen.«

An jenem Tag hatte Agnes, die bestürzenden tiefroten Vögel fielen um sie herum auf die Erde, dagestanden und auf die Brandung gehorcht, die gegen den Strand schlug, und sie konnte den stampfenden Kampf der Gezeiten draußen an der Spitze sehen, an der Öffnung der Bucht. Sie blickte hinaus auf den Golf und dachte an die Vögel, wie sie ohne eine einzige Ruhepause das ganze Wasser überquert hatten, und an die Fische und die anderen Tiere, die sich unter all dem Wasser fortbewegten, stark und frei, wie es ihnen gefiel, wie sie ohne die Begrenzungen durch Kontinente oder Länder oder Städte oder Berufe oder Häuser oder Gärten umherstreiften, und die Vorstellung der Freiheit einer solchen Reise weckte in ihr etwas wie Freude und etwas wie Frustration. Sie wußte nicht, was sie damit anfangen sollte, mit diesem Gefühl, und ihr war seltsam zumute, wie sie so inmitten dieser Leute stand, die starr waren vor Verwunderung über den Tangaren-

Niederschlag, wohingegen sie nichts als die eigentümlichste Distanz zu all dem empfand.

Sie befand, sie müsse ins Schwimmbad gehen, und dachte aus einer Laune heraus, es wäre nett, Lura mitzunehmen. Wenn Lura so sehr *weg* wollte, dann würde sie ihr das *Ziel* dazu geben. Sie wußte, Lura würde nicht schwimmen, aber es könnte nett für sie sein, im Schatten zu sitzen und den andern zuzusehen. Agnes zog ihren Badeanzug an und ein leicht verblichenes Sonnenkleidchen darüber, schlüpfte in ihre Sandalen, setzte die Sonnenbrille auf und ging hinüber zu Lura, um sie abzuholen.

Lura saß in ihrem automatischen Sessel und tastete nach dem Knopf, drückte ihn, worauf der Sessel sich langsam zu heben begann, bis er Lura auf den Boden auf die Füße kippte und dann dastand wie ein herausgeschossener Kastenteufel, während Lura in die Küche ging, um Agnes einen Teller selbstgemachtes Eis zu holen.

»Ich möchte aber kein Eis«, sagte Agnes. »Komm, wir fahren in meinem Auto zum Schwimmbad.«

»Ich habe das Eis letzte Woche gemacht, es ist noch gut, aber ich kann nicht alles alleine essen«, sagte Lura.

»Ich habe gedacht«, sagte Agnes in dem Glauben, Lura habe vielleicht ihr Hörgerät nicht drin, laut, »ich gebe dir ein *Ziel,* wo du hin kannst, statt einfach nur umherzustreifen. Und du müßtest auch nicht selber fahren.«

»Aber ich fahre gern selber«, sagte Lura und wühlte in ihrer Besteckschublade. »Ich kann ganz gut fahren.«

»Ich habe nicht gesagt, daß du nicht selber fahren *kannst*, Lura. Ich dachte nur, du würdest vielleicht gern mit *mir* irgendwohin fahren.«

»Na, ich kann uns ja zum Schwimmbad fahren«, sagte Lura wie jemand, der beleidigt worden war.

Schon bei dem Gedanken, mit Lura zu fahren, krampfte sich Agnes der Magen zusammen, doch sie sah schon, wohin das führen würde, ging hinaus und setzte sich in Luras Wagen und kurbelte ihre Scheibe herunter. Es mußte eine Viertelstunde gedauert haben, bis Lura endlich die Stufen der hinteren Veranda herabkam. Sie trug ein leichtes Baumwollkleid mit Blumenmuster und hatte einen breiten, weichen Gartenhut in der Hand, der aussah wie ein eingefallener Sombrero. Sie legte den Hut auf den Platz zwischen ihnen und setzte sich hinter das gigantische Steuerrad des Impala. Sie sieht aus wie ein Kind, das einen Autobus fährt, dachte Agnes.

Dann begann Lura mit ihrem Fahrritual. Sie streifte ihre weißen Handschuhe über und angelte die Schlüssel aus ihrer Handtasche, wählte den richtigen Schlüssel und steckte ihn ins Zündschloß. Sie trat das Gaspedal einmal mit dem Zeh ihres Hush Puppy durch und drehte dann den Schlüssel. Der alte Motor machte eine Umdrehung, hustete und starb dann mit einem hydraulischen Seufzer ab. Lura gab erneut Gas, drehte den Schlüssel, der Motor keuchte einmal, griff, und Lura hielt den Fuß gedrückt, bis der Wagen wie ein Müllauto röhrte. Sie nahm das Gas zurück und zog den

Schalthebel sanft auf R. Das Getriebe machte sein vertrautes Klackgeräusch, Agnes spürte, wie der Wagen in die Fahrstufe ruckte, und Lura legte beide behandschuhten Hände aufs Lenkrad, heftete den Blick auf den Rückspiegel und machte sich auf die Reise durch ihre Einfahrt. Schräg und entsprechend ihren Fähigkeiten setzte sie den rechten Kotflügel des Impala in ihre rosa Azaleen, und der dünne, gequälte, atonale Chor von Stielen auf Lack und Metall begann.

»O Gott«, murmelte Agnes. »Jetzt geht's los.«

Klack klack, auf D, Lura fuhr vorwärts. Klack klack, in R.

»Lura«, sagte Agnes. »*Lura.*« Lura trat aufs Bremspedal und sah sie an.

»Warum schaust du denn nicht in den *Außen*spiegel«, sagte Agnes. Lura sah sie verständnislos an.

»Wenn du dich mit dem linken Kotflügel einfach dicht an den Büschen auf einer Seite hältst, dann geht es«, sagte Agnes.

Lura sagte: »Aber wenn ich das täte, dann könnte ich das übrige Auto nicht sehen.«

»Du brauchst doch gar nicht das ganze Auto zu sehen«, sagte Agnes. »Siehst du etwa das ganze Auto, wenn du vorwärts fährst? Wenn du dich dicht an den Büschen auf deiner Seite hältst, dann kommt die andere Seite schon allein zurecht.«

»Das geht schon so«, sagte sie. »Und ich kann auch gar nicht nach dem Außenspiegel fahren, das habe ich noch nie getan.«

»Lura, es ist doch einfacher«, wollte Agnes sagen, doch Luras Zeh war vom Bremspedal abgekommen, und die hohe Drehzahl des Wagens trieb sie rückwärts. Agnes blickte in den Spiegel auf ihrer Seite und glaubte einen Augenblick lang, sie würden es durch Zufall die Einfahrt hinunter bis auf die Straße schaffen, doch da hatte Lura schon erkannt, was gleich geschehen würde, und riß das Steuer herum, so daß der Wagen über die Bordkante sprang und sich mit einem lackzerreißenden Schrillen in die Azaleenböschung bohrte. Lura, die eine Hand auf dem Schalthebel, zog den Knüppel klack klack auf D, worauf der Wagen die Einfahrt hochschoß und ruckartig zum Stehen kam.

»Nun sieh dir das an«, sagte Lura angewidert. »Agnes, läßt du mich jetzt endlich fahren?«

Schließlich stieg Agnes aus und wartete auf dem Gehsteig, bis Lura den Wagen auf die Straße bekommen hatte. Dann stieg sie ein, und sie fuhren mit Luras gleichmäßigen zwanzig km/h zum Schwimmbad.

Lura stellte sich auf zwei Parkfelder nahe beim Eingang, setzte wieder den breiten Gartenstrohhut auf, und sie gingen hinein.

»Also, da wären wir«, sagte Lura. »Geh du nur rein. Ich suche mir irgendwo ein Plätzchen zum Sitzen.«

»Ich lege mich vor dem Schwimmen noch ein wenig in die Sonne«, sagte Agnes. »Setz du dich doch da unter die Markise und bestell dir einen Eistee. Ich hole mir eine von den Liegen da und lege mich lang.«

»Na, das klingt doch gut«, sagte Lura. »Ich verstehe

gar nicht, wie du es in der Sonne aushältst. Ich bin froh, daß ich den Hut aufhabe. *Puh.*« Sie rückte den Hut zurecht und begann, während sie zum Erfrischungsstand ging, sich ihre weißen Baumwollhandschuhe fingerweise abzuziehen.

Agnes ging zu der Liegewiese hinter den Sprungbrettern, breitete ihr Panama-City-Beach-Badetuch über eine der Zedernliegen aus und ließ sich darauf nieder. Das war das letzte Mal, daß sie mit Lura irgendwohin ging. Gott, war das ein altes Huhn. Sie beschloß, sich nicht mit der Sonnenmilch aufzuhalten. Sie hoffte, Lura würde nicht weglaufen und sie einfach zurücklassen oder, schlimmer noch, davontütern und ins Becken stürzen und ertrinken. Sie beschloß, den Bademeister auf diese Möglichkeit hinzuweisen. Der Junge wirkte kräftig und war bestimmt sehr fähig. Sie blickte zu ihm hin, wie er da auf seinem Hochstuhl saß und an seiner silbernen Trillerpfeife zwirbelte.

Sie stand auf und ging zu dem Stuhl hinüber.

»Junger Mann?« sagte sie.

Der Bademeister blickte zu ihr herab. Er trug eine schwarze Sonnenbrille, und sie konnte seine Augen nicht sehen. »Ja, bitte?« sagte er.

»Könnten Sie wohl ein Auge auf die Dame da beim Erfrischungsstand haben? Ich habe Angst, daß sie herumlaufen und ins Becken stürzen könnte.«

Der Bademeister blickte hinüber in Luras Richtung.

»Die Dame mit dem großen Hut und der Sonnenbrille?«

Agnes sah hin und erkannte, daß Lura ihre riesige, quadratische Greisensonnenbrille hervorgezogen und aufgesetzt hatte.

»Genau die«, sagte sie.

»Ist gut«, sagte der Bademeister, »ich behalte sie im Auge.«

Sie sah noch einen Augenblick zu ihm hoch, während er die silberne Trillerpfeife an die Lippen führte und zwei kurze Töne, wie der Ruf eines Singvogels, ausstieß und zu einem Vorgang im Becken hin nickte. Er sah aus wie ein griechischer Gott auf einem Sockel, wie Neptun.

»Ich danke Ihnen«, sagte Agnes und ging zurück zu ihrer Liege. Am Beckenrand entlang lagen Studenten vom College auf ihren Badetüchern. Es war sehr heiß, und hin und wieder stand eines der Mädchen auf und stieg die Beckenleiter ins Wasser hinab, wobei sie sich die Haare oben auf dem Kopf festhielt, bis ihr das Wasser bis an den Hals reichte, dann stieg sie wieder aus dem Wasser, die Haare noch immer festhaltend. Manche Mädchen machten sich auch gern den Kopf naß, bogen den Hals zurück und senkten ihre langen, glatten Haare ins Wasser. Die Jungen hinter ihren dunklen Brillen beobachteten die Mädchen, wie sie sich ins Becken hinabließen und wieder herauskamen, das Wasser auf ihren eingeölten Körpern funkelnd, und beobachteten sie dann, wie sie zu ihren Badetüchern zurückgingen.

Agnes beobachtete sie alle. Sie waren alle so gut wie nackt und ganz braun wie die glasierten Doughnuts, die

Pops Sonntag morgens nach seiner Frühtour, auf der er seine Sonntagszigarre rauchte, immer von Shipleys mitgebracht hatte. Sie dachte darüber nach, wie die Studenten miteinander schliefen, sie wußte, daß sie das heutzutage alle taten, und überlegte, ob sie einander vorher kennen mußten oder ob sie es einfach nur beiläufig wie Hunde taten, ohne weitere Überlegung. Sie erinnerte sich an den Geschmack der heißen, weichen Doughnuts, die Pops immer mitbrachte, und das machte sie so unruhig, daß sie sich auf ihrer Liege aufsetzte.

Lura war noch immer im Schatten beim Erfrischungsstand und fächelte sich mit einer Zeitschrift Luft zu. Agnes stand auf und ließ sich über den Beckenrand hinab, ließ los und sank auf den Boden.

Das Wasser versetzte ihrem Körper einen gewaltigen Kälteschock. Sie meinte, in ein riesengroßes Glas Eiswasser eingetaucht zu sein. Sie blickte sich um. Alles war grün und hell. Ganz hinten am anderen Ende war jemand hineingesprungen und schwamm herüber, nur wirbelnde Arme und Beine. Sie konnte die Beine von Kindern sehen, die am flachen Ende umhertanzten. Eine Wolke, von den Wellen ganz hektisch gemacht, segelte über alles hinweg. Sie konnte Leute am Beckenrand entlanggehen sehen, die Körper in Stücke zerbrochen und zitternd wie Wackelpudding. Beine, Gesäß, Schultern und ein Arm eines Mädchens kamen langsam die Leiter herab und kletterten langsam wieder hinaus, zuckend, als fräße etwas Großes außerhalb des

Wassers sie Bissen um Bissen. Agnes kam ohne Atmen gut zurecht, als hätte sie einen großen Luftvorrat in den Lungen. Sie hatte schon immer ein wunderbares Lungenvolumen gehabt. Ab einem bestimmten Punkt, dachte sie, schien es, als würde ein Körper einfach nicht mehr so viel Luft aufnehmen, nicht mehr die ganze Zeit atmen müssen. Ein anderes Mädchen kam die Leiter herab, tunkte die langen Haare ins Becken und stieg wieder hinauf in die Luft. Agnes war es, als gehörten alle anderen einer Welt an, die zu dünn, zu wenig substantiell für sie selbst war, und als wäre die, in der sie sich befand, ihre Welt hier tief in dem klaren grünen Wasser, viel angenehmer, viel friedvoller. Ihr fiel ein Traum ein, in dem sie im Ozean inmitten eines riesigen Schwarms flinker metallischer Fische schwamm, deren Augen überall um sie herum waren, und das Gefühl, das sie so Aug' in Aug' mit den Fischen hatte, und ihre mühelose Schnelligkeit und die blitzenden Flossen. Sie spürte, wie etwas sich in ihr regte, anwuchs, bis sie sich davon erfüllt fühlte. Ihr schmerzte die Brust davon. Samstag abends hatte Pops immer gekocht. Er hatte sehr gern Fische gebraten. Mit Bob zum See und dann an eine Stelle mit Brassen. Pops kam dann nach Hause mit einer Schnur voll, eine einzige Sauerei, nasse zuckende Fische, Mäuler, die nach Luft schnappten. Der Anblick machte ihr Schmerzen in der Brust. Pops putzte die Brassen hinten im Garten, warf Bob einen Fischkopf hin. Bob stieß die Fischköpfe durch den Garten wie Bälle. Sie stand auf der Schwelle zu einer wunderbaren Vision, als würde sie gleich sehen, was Pops gesehen hatte, als er durch sein Herz und einen Haufen gewaschenen Gießereisand in die nächste Welt einging.

Sie glaubte, den fernen Triller eines Vogels gehört zu haben, und blickte hoch, als krachend Blasen von der Oberfläche herabschossen. Die Blasen lösten sich auf, und sie sah, daß es der Bademeister war, die dunklen Locken um das Gesicht wie ein Nest Wasserschlangen. Seine Augen waren eine klare blaue Offenbarung, weit aufgerissen und auf sie gerichtet. Sie streckte die Arme aus. Er kam heran, faßte sie und zog sie sanft nach oben. Sie spürte, wie seine Rückenmuskeln sich unter ihren Händen bewegten. Sie glaubte, er müsse Flügel haben, dieser Engel, und er würde mit ihr auf eine wunderschöne Reise gehen.

Agnes lag in ihrem Liegestuhl, sah die letzte Strahlen des Nachmittags durch winzige Spalten zwischen den Blättern strömen. Das Licht wechselte auf eine fast kaleidoskopische Art, die Blätter bebten in einem Wind, der wie ein Omen des Abends war. Sie fürchtete beides nicht, weder das Vergehen des Tages noch das Nahen des Abends. Nie hatte sie sich so entspannt gefühlt oder offen für die Welt um sie herum.

Auf dem Nachhauseweg waren Luras Worte so fern und melodisch wie ein Vogellied gewesen. Die Fahrt hatte nur Sekunden gedauert. Lura mußte die ganze Zeit fünfzig gefahren sein.

Sie hörte Lura jetzt, wie sie sich über Agnes' Liegestuhl beugte, um sie anzusehen.

»Ich glaube, du hast jetzt genug Sonne«, sagte Lura. »Du bist ja ganz benebelt. Ich kann von Glück sagen, daß ich nicht an einem Herzschlag gestorben bin, du hast mich ja zu Tode erschreckt.«

Bob zog mit Höchstgeschwindigkeit weite Kreise dicht am Zaun entlang um den Garten herum. Er blieb stehen, stand starr neben der Piassave unter dem Pecannußbaum, sprang dann steifbeinig mitten hinein. Er stöberte herum und kam dann herausgeschossen, als wäre ihm etwas auf den Fersen. Nach ein paar Metern blieb er stehen, drehte sich um und bellte es an.

»Sei still, Bob«, sagte Agnes. Bob sah zu ihr hin, als prüfte er ihre Autorität.

»Auf jeden Fall sollte ich mit dir zum Arzt«, sagte Lura. »Du bist ja beinahe ertrunken.«

»Mir ging's gut.«

»Ich verstehe nicht, wie du das sagen kannst. Der Junge da mußte dich aus dem Wasser ziehen wie einen alten Baumstamm.« Sie faßte sich an die Haare. »Ich habe meinen Hut vergessen.«

»Lura, setz dich einfach hin und sei still oder geh nach Hause. Es ist alles so friedlich.«

»Du hattest schon den Tod vor Augen«, sagte Lura.

»Ach, sei still«, sagte Agnes. Lura faßte sich wieder an die Haare, wollte etwas sagen, setzte sich dann auf einen Liegestuhl, und Agnes richtete ihre Aufmerksamkeit wieder auf den Sonnenuntergang, der das

Licht hinter den Bäumen färbte. Das Licht wurde dunkler, und der Wind fuhr wie mit sanfter Hand durch die Blätter. Agnes wußte nicht, wann sie einmal so im Frieden mit sich gewesen war. Die Zeit war noch nicht reif gewesen, daß sie verschied. Doch sie war nahe genug dran gewesen, um in den Augenblick hineinzusehen, und was sie da gesehen hatte, war ihr nicht unangenehm gewesen.

Die orangefarbene Wolkenbank hinter und über der Baumlinie nahm vor dem dunkler werdenden Blau des Himmels allmählich eine Schieferfarbe an. Die lauten schrillenden Vögel des Tages hatten sich zurückgezogen, und die Ruhe des Abends breitete sich aus. Das Licht schwand meßbar, Grad um Grad. Es war so schön, daß sie nicht glaubte, sie sehe es nicht mit zwei Augen. Sie hörte Bob und hielt vor dem sich rötenden Grün des Rasens und des Buschwerks nach ihm Ausschau. Er hatte wieder angefangen, unablässig im Kreis herumzurasen. Er hatte einen schmalen Pfad im Gras ausgetreten, ein vollkommenes Oval gleich einer Rennbahn. Sie entdeckte ihn, ein verschwommenes schwarzweißes Knäuel, angeführt von einem wilden und weit aufgerissenen Auge, und blickte ihm nach, wie er vorbeifegte und sich dem hinteren Zaun näherte. Und dann, als verletze er eine scheinbar vollkommene Ordnung, sprang er plötzlich. Er sprang verblüffend hoch und mit großer Geschwindigkeit. Er sprang wie von einer riesigen unsichtbaren Feder im Gras geschnellt oder aus einer Zirkuskanone abgeschossen und segelte über den Zaun in die zunehmende Dunkelheit.

»Großer Gott«, sagte Lura.

Agnes war wie betäubt. In dem leeren Raum, in dem Bob noch wenige Sekunden zuvor die pure Bewegungsenergie gewesen, wie ein Komet auf seiner Umlaufbahn gerast war, war nun alles still.

»Holst du ihn?« sagte Lura.

Nach einer kurzen Weile sagte Agnes: »Ich denke schon« und dachte: Warum mußte er das nun tun, ohne daß sie jedoch sonderlich beunruhigt gewesen wäre, so als könnte nichts ihren Frieden weiter stören.

»Soll ich dich fahren?«

»Nein«, sagte Agnes. »Der läuft nicht weit weg.«

»Aber es wird dunkel.«

»Ich kann im Dunkeln so gut sehen wie jeder andere.«

»Na, ich wollte nichts damit gesagt haben. Ich wollte dir nur behilflich sein.«

»Dann geh nach Hause und ruh dich ein bißchen aus, Lura. Du hast heute schon genug durchgemacht.«

Sie ließ Lura im Garten stehen und ging hinein, um sich eine Hose und eine Bluse überzuziehen. Sie zögerte, holte dann aus der Küche neben dem Kühlschrank den Schlagstock, den Pops immer im Wagen gehabt hatte. Sie schlug sich damit in die Hand. »Verdammter alter Hund«, sagte sie.

Sie ging rufend die Straße entlang bis zur Durchgangsstraße, überquerte diese dann und gelangte in ein älteres Viertel, dessen Häuser zwischen großen, schwergliedrigen Bäumen versteckt lagen. Der Gehsteig bestand aus alten, höckerigen Backsteinen. Die tote Innenstadt lag wenige Straßen entfernt, die Luft darüber ganz blau und neblig vom Schein der Straßenlampen. Es war wie unter Wasser. Sie tastete sich den holprigen Backsteinweg entlang, dazu das trockene Geräusch von Kakerlaken, die vor ihren Gummilatschen davonliefen.

Die alten Bäume, die sich über ihr auftürmten, waren so dicht belaubt, daß es ihr unheimlich war. Agnes schweifte zurück zu den Märchen, die sie in ihrer Kindheit gehört hatte, und stellte sich vor, sie sei ein Kind, das in einem Wald unterwegs ist, wo jemand vor langer Zeit die schmalen Rumpelstraßen auf alten Pfaden angelegt hatte. Dicke Wurzeln buckelten sich durch das bröcklige Pflaster, und hier und da duckte sich ein heimeliges Haus tief zwischen die Bäume wie eine Waldhütte.

Sie und Pops waren neunundvierzig Jahre verheiratet gewesen. Manchmal war es ihr, als habe die ganze Sache tatsächlich stattgefunden, manchmal wieder nicht, als wäre ein großer weißer Fleck zwischen der Zeit, als sie ein kleines Mädchen war, und jetzt. Als sie heirateten, war sie erst einundzwanzig gewesen. Sie erinnerte sich an ihre Flitterwochen im Grand Hotel von Point Clear. Sie waren die alten Wege entlangspaziert, die mit Moos überzogen waren wie mit feuchter, düsterer Spitze. Auf dem Zimmer war ihre Liebe schnell und bestürzend gewesen, ihre Körper wurden in sie hineingezogen wie ein Kinderarm, der sich kurz zu einem harten, schmerzhaften kleinen Muskel biegt.

Agnes verlangsamte ihre Schritte, ihr Herz schlug schneller. Sie erinnerte sich, wie sie Pops in den letzten Jahren geküßt hatte, wie es lediglich ein trockener Stupser mit zugekniffenen Lippen war, und sie erinnerte sich, daß sie ihn auch so in seiner Kiste geküßt hatte, daß seine Lippen wie Holz waren und wie entsetzt sie gewesen war. Sie hatte sich nach einem Kind gesehnt, kurz nur, ein wenig spät, und hatte Pops damit nicht bedrängt. Er hatte zu dem Thema von sich aus nichts gesagt. Zuweilen wirkte er so passiv, dann wieder ganz angespannt. Selbst wenn er ein leidenschaftlicher Mensch gewesen wäre, so argwöhnte sie, hätte er es abgelehnt, das zum Ausdruck zu bringen. Vielleicht hatte er Bob in der Intimität zwischen einem Mann und seinem Hund davon erzählt, wer weiß schon, was ein Mann seinem Hund erzählte? Er hatte immer Bob gehabt. Vor dem hatte es noch zwei andere Hunde gegeben, doch die waren dieselbe Rasse gewesen, hatten genau gleich ausgesehen. Beide hatten sie Bob geheißen. Sie fragte sich, ob er dasselbe mit ihr getan hätte, wenn sie gestorben wäre, einfach losgezogen und sich eine neue Agnes geholt. Wenn es Bob nicht gegeben hätte, dann hätte er vielleicht mit ihr geredet. Es war, als hätten sie neunundvierzig Jahre lang denselben Hund gehabt. Wenn einer starb, holte Pops sich gleich am nächsten Tag einen anderen, der genauso war. Offenbar mit demselben unausstehlichen Wesen. Sie wußte nicht, warum er gerade diesen Hund so gern gehabt hatte. Manchmal ertappte sie sich dabei, wie sie den Hund ansah, einen von ihnen, und dachte: Das ist der langlebigste Hund, den ich je gesehen habe. Sie lachte laut auf.

Sie bog um eine Ecke und blickte in eine schmale, von den alten Straßenlampen schwach beleuchtete Straße. In einiger Entfernung stand ein kleiner Hund reglos mitten auf der Fahrbahn. Soweit Agnes ihn erkennen konnte, sah er aus wie Bob. Er schien zu ihr herzusehen.

Sie beugte sich vor, kniff das heile Auge zusammen.

Der Hund stand ganz reglos da und sah zu ihr her.

»Bob«, sagte Agnes. Dann rief sie: »Bob! Komm her, Junge! Ach, Bob!«

Sie ging ein wenig näher hin. Bob spannte sich, machte Beine und Hals steif. Ansonsten rührte er sich nicht.

Agnes schnalzte leise mit der Zunge und schlug sich mit dem Schlagstock in die Hand. »Verdammter alter Hund. Ich sollte ihn einfach laufenlassen.«

»Hau ab!« schrie sie ihm daraufhin zu. »Hau doch ab, wenn du willst.«

Bob tat einen kleinen reckenden Schritt. Er hob den Kopf und schnüffelte in die Brise. Da stand er, unter der Straßenlampe, in sich ruhend, stolz und unnahbar, und wirkte in der nebligen Ferne wie der Geist aller Bobs. Sie stellte sich vor, daß er sich nach fünfzig Jahren fragte, ob er denn nicht genug hätte. Nun, sie würde ihn nicht drängen: sie würde ihn gehen lassen, wohin er wollte.

Sie hörte ein Auto und blickte sich um. Dort am Stoppschild stand Luras Impala wie ein großer blasser Fisch auf dem Ozeanboden, die Scheinwerfer wie suchende, sanft glimmende Augen. Es schob sich um die Ecke auf sie zu. Daraufhin drehte Bob sich um und trottete davon. Sie sah ihm nach, wie er sich in der nebligen Düsternis verlor mit seinem leicht schrägen Gang. Dann geh und sieh dich um, sagte sie bei sich. Geh und sieh dir an, was du in der Brise geschnüffelt hast. Sie konnte ihn nun nicht mehr sehen, sein Bild war vom Nebel gelöscht.

Sie stand mitten auf der alten stillen Straße und wartete, daß Lura herangefahren kam. Aus einer Laune heraus drehte sie sich zur Seite und reckte den Daumen hoch. Das Auto kam vor ihr zum Stehen. Sie öffnete die knarrende alte Tür und schaute hinein. Lura hatte sich anscheinend reisefertig gemacht.

»Ich habe eine Idee«, sagte Agnes.

In Luras Tempo erreichten sie im Morgengrauen die Küste. Sie nahmen die lange, gewundene Straße zum Fort, bogen beim Wachhäuschen nach links und fuhren zum Strand hinunter. Lura, duselig vor Müdigkeit, rollte über den Asphaltbelag hinaus mehrere Meter in den Sand, bis der Impala steckenblieb. Sie ergriff mit einer weiß behandschuhten Hand den Schalthebel und schob ihn auf P, drückte den Scheinwerferknopf ans Armaturenbrett und stellte den Motor ab. Möwen und

Watvögel schrien über die Marsch. Der Himmel nahm ein lichtes Blau ein. Frösche und weitere Vögel begannen zu schreien, und Rotdrosseln klammerten sich an schwankende Seggenhalme.

»Hör dir den Morgen an«, sagte Lura.

Und Agnes schloß beide Augen, um zu schlafen, während die geschmolzene Sonne, zyklopisch, aus dem Wasser brach.

DIE LETZTEN TAGE DER HUNDEMENSCHEN

Als ich ein Junge war, hatte meine Familie immer Jagdhunde, immer Spürhunde, einmal zwei Blueticks und sechs Jahre lang ständig zwischen sechs und fünfzehn Beagles. Aber so weit, daß wir gern Kaninchen aßen, sind wir nie gekommen, und die Kumpelei bei der Rotwildjagd wurden wir auch leid, also taten wir die Beagles in den Pferch, holten uns noch zwei schwarze Labradore und wollten ein bißchen auf Enten gehen.

Es war ein Spektakel ums Haus herum. Hinten im großen Pferch jaulten die Beagles, auf den Hinterbeinen am Zaun, lärmten, als würde ihnen einer den Schwanz abschneiden. So waren sie eben. Nachts, wenn ich mich in den Garten hinausschlich, verstummten sie, die weißen Hälse dem Mond hingereckt, die sanften runden Augen auf mich gerichtet. Sie machten kleine, verstörte, kehlige Laute wie Hühner.

Schließlich brachten Nachbarn den alten Herrn wegen Ruhestörung oder so etwas vors Bezirksgericht, und da meine Mutter schwor, sie werde ohnehin nie wieder ein Kaninchen braten, sie sähen mit abgezogenem Fell aus wie kleine blutige Säuglinge, wie sie sagte, gab er die Beagles weg und verbrachte seine Samstage damit, diesen oder jenen Hund zu besuchen, fuhr raus zu Onkel Spurgeon, bei dem Jumbo war, der beste Läufer des Rudels. Oder raus zu Buds weitläufiger Hütte, wo Bud mit der alten Patsy und Balls, dem Deckhund, lebte. Sie heulten wie Luftschutzsirenen, wenn der alte Herr in seinem Ford vorfuhr.

Danach ging es mit ihm bergab. Die Labradore mochte er schon, interessierte sich aber nie viel für sie, da sie doch eine fade Hunderasse seien, der offizielle Hund der Mittelschicht. Er ließ sie auf der Veranda unter dem Deckenventilator herumlungern und im Garten und in der Nachbarschaft herumspringen wie ziellose Stromer. Er sah sich in seinem Zimmer im Fernsehen zunehmend Kriegsfilme an, lief im Haus umher und redete mit uns wie mit Nachbarn, die man grüßt und in einen Plausch verwickelt, von denen man sich aber bald wieder verabschiedet. Er war einer, der buchstäblich die Jagd aufgegeben hatte. Er gehörte der Generation an, die in die Stadt gezogen war. Er war keiner mehr, der mit Hunden lebte.

Kurz darauf zog ich ohnehin aus, heiratete und lebte mit Lois in einem hundelosen Vorstadthaus, eine stille Welt, die irgendwie unverankert wirkte, halb bewohnt, blaß und leer, als würde sie sich eines Tages in Nebel auflösen, mit verschwimmenden Konturen in der Luft versickern, und so kam es denn auch. Wir kauften ein

Fernrohr und verbrachten ein paar Nächte im Garten damit, das kalte Licht der Sterne und Planeten zu verfolgen, nach Mustern zu suchen, ohne auch nur zu ahnen, daß dort die schrecklichen, blutigen Geheimnisse des alten Menschenherzens lagen und daß jede Generation sie aufs neue greifbar machen muß. Die Menschen nehmen, wie mir scheint, nur sehr wenig wahr, die künstliche, kopflastige Seite des Lebens, die Sorgen und Rechnungen und die sturen Abläufe des Berufs, die blödsinnigen Psychologien, die wir wie Schablonen über unser Leben gelegt haben. Ein Hund hält sein Leben einfach und schmucklos. Er ist, wer er ist, und seine einzige Aufgabe ist es, dies geltend zu machen. Begehrt er die Gesellschaft eines anderen Hundes oder wünscht er, sich zu paaren, dann kann die Sache ein wenig komplex werden. Doch wie solche Dinge geregelt werden, steht fest und ändert sich nicht. Und wenn sie geregelt sind und er von seinen Streifzügen heimkehrt, dann mag noch kurz etwas in ihm aufflackern, eine Art Überraschungsangriff übers Synapsenfeld auf die Reflexion. Doch das geht vorbei. Und wenn es vorbei ist, bleibt ihm noch eine vage innere Unruhe, eine klare Nase, die in einer guten Nacht riechen könnte, daß einmal Menschen auf dem Mond gewesen sind, und der Rest des Tages vor ihm wie ein Canyon.

Genauso habe ich versucht, die Tage hier in diesem alten Farmhaus zu sehen, die ich mit meinem Freund Harold auf dem Land verbringe. Ich bin vom *Journal* auf längere Zeit beurlaubt. Aber es nützt nichts. Es ist unmöglich, eine solche Ordnung und Klarheit auf ein normales Menschenleben zu übertragen.

Das Farmhaus ist ein Wrack, das am Rand einer großen, ungenutzten Weide treibt, wo das einzige, was sich tut, hin und wieder eine Staffel aufflatternder Vögel ist, die aus dem Blick ins hohe Gras verschwindet, und das Entstehen willkürlicher geometrischer Pfade, wenn die Hunde, die Nase am Boden, den Vögeln nachspüren. Von der hinteren Veranda aus hat man einen herrlichen Blick über das Feld, und wenn das Wetter es zuläßt, sitzen wir auf der Veranda und rauchen Zigaretten und schlürfen morgens Kaffee, nachmittags Bier, nachts oft guten Scotch. Mittags werden Hufeisen geworfen.

Dann ist da noch Phelan Holt, eine Dogge von einem Mann, den Harold im Blind Horse Bar and Grill kennenlernte und dem er ein Zimmer in der hintersten Ecke des Hauses vermietete. Wir sehen Phelan, der aus Ohio hierher kam, um am Frauencollege Lyrik zu unterrichten, nicht eben häufig. Früher spielte er einmal Linebacker an einem kleinen College im mittleren Westen, dann brachte er seine heftige Phantasie zu Papier und veröffentlichte einen Gedichtband über die großen Themen: Gott, die Schöpfung, die Wirrnis der Tiere und den faulen Zauber der Liebe. Er tapert auf einem glänzenden Pfad, den er sich durch den Staub gebahnt hat, in die Küche, um was zu essen und zu trinken, und tapert wieder zurück, und gelegentlich kommt er auf die Veranda, um Bourbon zu trinken und uns elliptische Kurzvorträge über Leute wie Isaac Babel, Rilke und Cervantes zu halten, wobei er ruhig einen Joint raucht, den er nicht teilt. Trotz seiner Belesenheit hat der dicke Phelan mit den schütteren Haaren viel von einem melancholischen alten Hund. Er lebt allein mit anderen, verläßt das Haus, um seinem Geschäft nachzugehen, spricht sehr wenig, ißt maßvoll und ist im allgemeinen unergründlich.

Einmal schlug Harold vor, am Nachmittag Brassen angeln zu gehen. Wir stiegen in den Pick-up und fuhren zwischen ein paar Weiden hindurch, dann auf einem alten Holzweg durch ein Waldstück zu einer schmalen Bucht, die sich zu der breiten, sonnenbestrahlten Fläche eines Sees erweiterte. Die Sonne spielte auf schmalen Wellenlinien, die sich von den kleinen Köpfen schnappender Schildkröten ausbreiteten, oder von Wassermokassins, die hier und da wie Stöcke in einer Strömung dahinschwammen.

Harold zog einen Kahn aus den Weiden und ruderte uns hinaus. Wir fischten in der Mitte, warfen unsere Köder da aus, wo laut Harold das alte Flußbett war und tief unten eine kältere Strömung entlanglief. Das Wasser hatte eine dunkle Kupferfärbung, wie dünner Kaffee. Wir zogen zunächst ein paar Bluegill und Crappie heraus, und Phelan sah zu, wie sie aus dem Wasser brachen, breit, flach, golden und silbern, und sich am Ende der Leine krümmten, die Augen riesig. Sie flappten wie verrückt auf dem Boden des Kahns herum, ertranken in der dünnen Luft. Phelan legte seine Rute hin und nahm einen Schluck aus einer Viertelliterflasche Bourbon, die er aus der Tasche gezogen hatte.

»Macht sie tot«, sagte er und wandte den Blick von meinen Bluegill. »Ich halt das nicht aus, wie die nach Luft schnappen.« Seine Augen folgten den winzigen Köpfen der Mokassins, die sich lautlos über die Wasserfläche schoben, Schildkröten hievten sich auf halb untergetauchte Baumstämme. »Die da fressen euch glatt die Fische von der Schnur«, sagte er. Er nahm einen weiteren Schluck aus der kleinen Flasche und sagte dann in seiner besten altmodischen pädagogischen Art: »Projizieren wir lediglich die Gegenwart des Bösen auf Gottes Geschöpfe, in welchem Fall wir dann von Natur aus böse sind und die Geschichte vom Garten eine List ist, oder ist das Böse absolut?«

Aus seinem Proviantbeutel holte er eine Pistole, eine 22er Browning Halbautomatik, die aussah wie eine deutsche Luger, und legte sie sich auf den Schoß. Er zog ein Sandwich hervor und aß es langsam. Dann schälte er Patronen in die Kammer der Waffe, legte auf eine der Schildkröten an und feuerte; der scharfe Knall prallte vom Wasser in die Bäume. Was wie eine Rauchwolke aussah, zischte vom Rücken der Schildkröte auf, und sie taumelte von dem Stamm. »Zieht ein bißchen nach rechts«, sagte er. Er zielte auf einen Moccasinkopf, der am gegenüberliegenden Ufer dahinzog, und feuerte. Das Wasser spritzte vor der Schlange auf, diese hielt an, und Phelan zerriß das Wasser, wo der Kopf war, mit drei schnellen Schüssen. Die Schlange verschwand. Stille, dem lauten harten Knall der Pistole folgend, kam in Schockwellen übers Wasser zurück an unsere Ohren. »Schwer zu sagen, ob du sie getroffen hast, wenn sie schwimmen«, sagte er, wobei er den Lauf entlangblickte, als forschte er nach Makeln, und die beschirmten Augen hob, um die Wasserfläche nach mehr Beute abzusuchen.

Harold ist selbst wie so eine Art Kleidungsstück mit kleinen Fehlern: schief, einzigartig, ein wenig achsenverschoben. Wäre er ein Hund, dann würde ich ihn als ungebürsteten Collie sehen, der sich wie ein schokobrauner Labrador gibt. Er hat auch zwei Hunde, einen großen blonden Jagdhund namens Otis und einen Spürhund namens Ike. Wie Phelan ist Otis ein sozialisierter Hund und darf zum Schlafen ins Haus, wohingegen Ike auf der Veranda bleiben muß. Anfangs konnte ich nicht verstehen, warum Otis dieses Privileg zuteil wurde, doch mit der Zeit begriff ich.

Jeden Abend nach dem Essen, wenn Harold zu Hause ist, steht er vom Tisch auf und läßt Otis herein. Der sitzt dann neben dem Tisch und beäugt Harold, beobachtet Harolds Hände. Wie Harolds Hände ein letztes Stück Maisbrot abreißen, woran er dann nagt, wie Harolds Hände eine Camel aus der Schachtel ziehen, wie Harolds Hände mit den Streichhölzern hantieren. Und bald, als überlegte er es gar nicht recht, während er über etwas ganz anderes redet, nimmt Harold einen Fleischrest und läßt ihn eine Zeitlang über dem Teller schweben, wobei er einfach weiterredet, und dann sieht man, wie Otis aufmerksam wird und fast unmerklich zu zittern beginnt. Und dann blickt Harold Otis an und sagt etwa: »Otis, still.« Und Otis' Augen zucken eine Sekunde zu Harolds Augen hin und schnellen zurück zu dem Fleischrest, wobei er vielleicht die Kiefer aufeinanderbeißen muß, um nicht zu geifern, die Augen an den Fleischrest geheftet. Und dann senkt Harold den Fleischrest sachte auf Otis' Nasenspitze herab, zieht dann langsam die Hand weg und sagt: »Still. Still. Still. Otis. Still.« In einem ganz leisen Singsang. Und Otis schielt auf den Fleischrest auf seiner Nase, zittert fast unmerklich und wagt keine Bewegung, und dann lehnt Harold sich zurück, zieht eine weitere Camel aus der Schachtel und sagt, wenn Otis sich langsam auch nur um einen halben Zentimeter bewegt: »Otis, still.« Und zündet sich dann die Zigarette an und sieht Otis kurz an und sagt: »Na los, Otis.« Und schneller, als man gucken kann, hat Otis weniger den Rest in die Luft gestupst, als vielmehr die Schnauze aus ihrer Position gerissen, der Fleischrest reglos in der Luft, und noch bevor dieser auf die Schwerkraft reagieren kann, hat Otis ihn geschnappt und verschluckt und fixiert nun wieder Harolds Hände mit dem gleichen Blick, als wäre zwischen ihnen gar nichts geschehen, als hoffte er noch auf seinen ersten Rest.

Das ist der Test, sagt Harold. Wenn du den Fleischrest balancierst und es schaffst, den Fleischrest in einem lichten Moment zu fressen, bist du dabei. Läßt du den

Fleischrest fallen und frißt ihn vom Boden auf, dann bist du nicht besser als ein Hund. Und gehst raus.

Zuerst aber wollte ich eigentlich von Ike erzählen, wie es ist, wenn Otis rein darf und Ike nicht, und Ike anfängt, vor der Tür loszubellen, ein großes wuffendes Bellen, lautes Klagen, und denkt (sagt Harold): Warum läßt er Otis rein und nicht mich? Laß mich REIN. REIN. Und er bellt ein paar Minuten lang weiter, und dann, ohne daß man so genau sagen könnte, wie es geschieht, verändert sich das Bellen, wird weniger Klage und mehr Forderung: Ich bin IKE, laß mich REIN, denn was da nämlich verloren gegangen ist, ist die Erinnerung daran, daß Otis reingelassen wurde und daß das der Grund seiner Klage war. Und von da aus kommt er zu seiner allgemeineren artgemäßen Feststellung, die einfach deshalb geäußert wird, weil Ike Ike ist und er keinen Grund braucht, um es zu sagen: Ich bin IKE, und dann verändert es sich erkennbarer, nur noch IKE, während er den Kontakt zu seinem Ego verliert, bald einfach Ike!, und es verebbt, und bald kommt nur noch hin und wieder ein Bellen, lediglich ein normaler Ruf in die Leere, wie Hunde es tun, immer mal wieder HE! brüllen und sehen, ob jemand irgendwo auf der Weide antwortet, HE!, und dann hört man, wie Ike im Kreis läuft und sich auf die Verandadielen unmittelbar vor der Küchentür plumpsen läßt. Und das, sagt Harold, ist das Ergebnis von Ikes Bewußtsein, daß Ike, noch bevor er aufhören kann zu bellen, vergessen hat, weswegen er bellt, er sich also einfach hinlegt und einschläft. Und deshalb, sagt

Harold, als bedürfte der Fleischresttest einer Bekräftigung, kann Ike nicht drinnen schlafen, aber Otis.

Neulich setzte Harold sich in einen Sessel vor sein Schlafzimmerfenster, lehnte sich zurück, legte die Füße aufs Fensterbrett, worauf das ganze Fenster mitsamt dem Rahmen krachend hinaus ins Unkraut fiel. Ich half ihm, das Loch mit Polyäthylenbahnen und Klebeband zu verschließen, und jetzt hat das Licht im Zimmer so etwas Gefiltertes, was an kühlen Spätnachmittagen ganz schön ist.

Es gibt hier Kleider in den Schränken, von denen wir nicht wissen, wem sie gehören. Das Wohnzimmer und die dunkle Mansarde sind voll mit Schrott. In einer Ecke ein Haufen alte Heizkörper, dann ein großes Holzkanu (rissig) mit Paddeln, ein Satz Hanteln aus Pick-up-Achsen und Felgen, eine Schneiderpuppe mit gemalten Brustwarzen auf dem Busen, ein paar tolle alte Fliegenruten aus Bambusrohr, die nicht mehr sehr elastisch sind, ein großes hölzernes Motorola-Radio, eine Strickleiter, eine Kiste mit *Life* und ein großer Stapel gelber Zeitungen aus Mobile. Und jede Menge anderer Schrott, zu viel, um alles aufzuzählen.

Von allen vier Ecken des Hauses neigt sich der Boden zur Mitte hin, das hintere Ende der Diele ist die tiefste Stelle des Fußbodens. Man braucht nur an einer beliebigen Stelle im Haus einen Golfball hinzulegen, und er rollt los, bumst träge gegen Fußleisten und Türen und abgelegte Schuhe und vielleicht einen Baseball-Handschuh oder einen aufgerollten Läufer, der zusammengesunken an der Wand lehnt, hin zu der tiefen Stelle in der hohen leeren Diele, wo ein aufgerolltes Stromkabel unter einem Haufen zusammengeknüllter Kleider liegt, als hätte einer ein paar Schubladen für einen Flohmarkt ausgeräumt und wäre dann verschwunden. Die Türen passen alle nicht so recht in ihre Rahmen, und wenn es morgens stürmte, bin ich vom trockenen Schleifen und Rutschen toter Blätter aufgewacht, die durch den Spalt unter der Haustür in die Diele hereingerollt, durch die Zimmer wie kleine Steppenläufer gerollt sind, um sich dann in der Küche zu sammeln, wo sie dann allein oder zu zweit oder in kleinen Gruppen zur offenen Hintertür hinaus in den Garten und weiter übers freie Feld schlittern. Eigentlich eine angenehme Art aufzuwachen. Manchmal hänge ich den Kopf über den Rand des großen Bettes, in dem ich schlafe – das mit den vier grob abgeschälten Zedernstämmen als Pfosten – und in dem vor mir, wie Harold sagte, die Mäuse schliefen, und dann sehe ich so einen großen alten Skink mit rosa Flecken auf der glatten schwarzen Haut, wie er entlang der Spalte zwischen Fußleiste und Boden auf Jagd geht. Sein Kopf verschwindet in der Spalte, und er zieht ihn wieder hervor und kaut etwas, das lange lippenlose Maul mahlend.

Die Haustüren haben seit dreißig, vierzig Jahren kein funktionierendes Schloß mehr gesehen. Harold denkt nie weiter über Sicherheit nach, obwohl die Landstreicher, die auf der Straße nach Florida unterwegs sind, ständig hier vorbeikommen und es wahrscheinlich als Motel benutzt haben, bevor Harold es hier auf dem Land seiner Familie entdeckt hat und aus der Stadt hierher ausgewandert ist, weil er, wie er sagt, nie wieder wo leben will, wo er nicht Tag und Nacht hinten auf die Veranda treten und pissen kann.

In der Nacht, als ich auf der Suche nach Obdach auftauchte, öffnete ich einfach die Vordertür, weil keiner antwortete und ich nicht wußte, ob Harold ganz hinten in dem großen alten Haus war (so war es denn auch) oder was. Ich trat in die Diele, und als erstes hörte ich ein klackendes Geräusch, und da kam Otis auf Zehen, mit tappenden Klauen, um die Ecke, den Schwanz gereckt, leise knurrend. Und hinter ihm kam Harold angeschlichen, seine rostige alte 38er in der Hand. Wenn er schläft, liegt sie nicht weit von seinem Bett auf einem Bücherregal, die eine billige Patrone, die er besitzt, daneben, falls sie nicht gerade auf den Boden gerollt ist.

In der Nacht, in der Phelan eintraf, durch die Tür auf den Rücken fiel und in das Dunkel der hohen alten Diele blickte, kam Otis hereingeklackert und näherte sich ihm langsam, das Fell gesträubt, die Lippen flüssig über die alten Zähne gekräuselt, bis er mit der Schnauze unmittelbar über Phelans Nase war. Und dann machte er einen Satz nach hinten und bellte wild, als Phelan die Augen aufschlug und gleich einem nuschelnden alten Mimen losplatzte: »Und an seiner Kehle riß ein riesiges schwarzes Tier in der Form eines Hundes – ›Der Hund!‹ schrie Holmes, ›Großer Gott!‹ halb Tier, halb

Dämon, die Augen glühend, Maul und Fell und Wamme von flackernden Flammen konturiert.«

»Phelan«, sagte Harold, »das ist Otis.«

»Du meinst wohl Zerberus«, sagte Phelan, »meine zwölfte Arbeit.« Er hob die Arme und spreizte die Finger vor den Augen. »Ich habe nur meine Hände.«

Daß Harold allein war, kam so: Sophia, eine Landvermesserin der Highway-Behörde, richtete ihr Visier auf Harold und machte sich seine Art zunutze, indem sie bis zwei Uhr morgens mit ihm trank und ihm dann anbot, ihn nach Hause zu fahren, wo sie ihn dann ins Bett steckte und ihn wie ein Cowgirl ritt. Das hat sie mir selber mal eines Nachts erzählt und mich gebeten, ihre Schenkel zu befühlen, die hart waren und sich unter ihren Jeans beulten wie bei einer Eisschnelläuferin. »Ich bin kräftig«, flüsterte sie mir ins Ohr, wobei sie eine Augenbraue hob.

Eines Abends, sie war schon gegangen, kam Harold auf die Veranda getorkelt, wo ich saß und rauchte, schnorrte eine Zigarette, stützte sich mit dem Arm gegen einen Verandapfosten und pißte ausgiebig in den Garten. Er sagte nichts. Er war nackt. Seine Haare waren wie eine Garbe windgezausten Weizens vor dem Mond, der auf das Feld herabschien und eine saubere Lichtlinie entlang der Verandakante zog. Sein fahler Körper war in dem Licht blau. Er stand einfach da, sein Strahl fiel als Bogen ins Gras, nach Osten in den Wind gesprüht, und er atmete durch die Nase, rauchte die

Zigarette, deren Rauch davonstob. Ein Sturm versuchte, hereinzuwehen. Ich brauchte nichts zu sagen. Man weiß immer, wenn man sich gleich nicht mehr im Griff hat.

Sophia ließ alle möglichen Sachen da, die Harolds Verlobte Westley finden sollte. Höschen unterm Bett, ein Seidenhemdchen, hingesunken wie eine Prostituierte, zwischen zwei gestärkten Frackhemden in Harolds Schrank, ein Fläschchen Nagellack im Besteckkasten. Es dauerte nicht lange, bis Westley mit einem schwarzen Büstenhalter aus dem Bad marschiert kam und sagte: »Was hängt das Ding da am Kommodengriff?« Und danach war es zwischen Westley und Harold so ziemlich aus.

Ich muß sagen, daß Sophia, die mit ihrer langen Nase und den engstehenden Augen und den gewaltigen Schenkeln einem Windhund ähnelte, die Brücke zwischen Harolds Geschichte und meiner bildet.

Weil ich Lois zunächst gar nicht betrog. Zwischen uns war eine Distanz entstanden, wie es eben läuft, wenn eine Ehe sich durch leidenschaftliche besitzergreifende Liebe hindurch in den Schmerz welkender Liebe hineinquält, noch vor der vagen inzestuösen Liebe des alten Paars. Eines Nachts, als Lois und ich noch zusammen waren, kam ich nach Hause, hörte etwas auf dem Wohnzimmerboden rappeln und sah, als ich hinblickte, ein zitterndes Etwas in der Form eines gespannten Bogens und ein Gesicht mit langer Nadelnase, das wie über eine Lesebrille zu mir herschaute, die Nase unten, die Augen oben, geduckt. Er war schon alt. Ich ging behutsam zu ihm hin und zog mich ganz leise wieder zurück, als er, ich streckte gerade die Hand zu ihm aus, ein kleines Fleckchen weißen Zahn an seiner schwarzen Lippe zeigte.

»Ich hab die Geschichte im *Journal* über sie gelesen und was mit ihnen passiert, wenn sie keine Rennen mehr laufen können«, sagte sie. Sie hatte einfach bei der Hunderennbahn angerufen, war zu einem Zwinger gegangen und hatte sich einen ausgesucht.

Sie sagte, da er schon älter sei, wäre er vielleicht ganz friedlich, und außerdem habe sie sich gedacht, daß ich vielleicht ganz gern einen Hund hätte. Das war wohl der Versuch, eine Verbindung zu knüpfen. Oder die Verabreichung eines Opiats. Ich weiß auch nicht.

Damit Spike, der pensionierte Windhund, seinen Auslauf bekam und er und ich Freunde wurden, schickte Lois uns beide, Mann und Hund, zum Joggen. Wir gingen zum Sportplatz der High-School, und Spike gefiel's. Er trabte auf dem Footballplatz umher, schnüffelte hier und da. Einmal überraschte und schnappte er einen echten Hasen und riß ihn in Stücke. Das mußte ihn an seine Trainingszeit erinnert haben. Man würde nicht vermuten, daß ein Rennhund wie ein Haushund sein kann, verspielt und einfältig und freundlich. Aber Spike war okay. Wir waren Kumpel. Und dann, nach all den Wochen, die es gebraucht hatte, bis Spike und ich wieder in Form waren, und nach meiner Affäre mit Imelda ein paar Häuser weiter, die sich zufällig ergeben hatte, nachdem wir uns beim Joggen auf der ansonsten leeren Bahn kennengelernt hatten, nach Wochen, in denen wir unseren Dauerlauf mit einer Nummer auf der Schaumstoffmatratze bei der Stabhochsprunganlage unmittelbar hinter den Torpfosten gekrönt hatten, kam Lois eines Nachts dahergeradelt, um mich abzuholen, fuhr geräuschlos heran, als Imelda und ich gerade nackt bis auf die Joggingschuhe auf der Hochsprungmatratze lagen und uns abkühlten, Spike zusammengerollt zu unseren Füßen. Als sie mit dem Fahrrad zum Stehen kam, hob Spike den Kopf und wedelte mit dem Schwanz. Angesichts seiner wahrhaften Unschuld bekam ich einen dicken Knoten in der Brust. Als Lois das Fahrrad ebenso geräuschlos wendete und davonfuhr, erhob Spike sich, streckte sich und folgte ihr nach Hause. Imelda und ich hatten uns nicht geregt.

»Au Scheiße«, sagte Imelda. »Na, das war's dann wohl.«

Imelda meinte damit lediglich unsere Affäre, da ihr Mann Marinezahnarzt war und auf einem Törn im Mittelmeer, was Imelda vorübergehend in die Heimatstadt ihrer Eltern verschlagen hatte, wo sie vorübergehend Artikel fürs *Journal* schrieb und vorübergehend mit mir eine Affäre hatte. Der Artikel über Windhunde, den Lois gesehen hatte, war von Imelda gewesen. Imelda hatte gesagt, sie wolle Spike kennenlernen, und ich hatte genau gewußt, wie das laufen würde, und mich diesem unaufhaltsamen Sog ergeben, hatte unser beider passiven Willen auf diesen Augenblick hin vereint. Und ich hatte dann zu Lois nach Hause gehen müssen, wo meine Ehe nun im Eimer war.

Imelda ging, und ich lag noch eine Weile da und betrachtete die Sterne. Es war Anfang Oktober, und direkt über mir konnte ich die hellen Gruppen von Perseus, Kassiopeia, Kepheus, Schwan und weiter rechts den breiten Herkules in seiner Bodybuilder-Haltung erkennen. Ich erinnerte mich, wie Lois und ich immer Sternbilder erfunden hatten: Da ist mein Boß, sagte sie, wie er sich an den Eiern kratzt. Da ist Reagans Gehirn, sagte sie. Wo? Das trübe. Wo? Das war der Witz. Wenn ich nachts hinaufsah, kam ich mir meistens groß wie der Himmel vor, nun aber war mir, als triebe ich dort oben verloren umher. Ich stand auf und machte mich auf den Heimweg. Die Luft war ein wenig frisch, und der trockene Schweiß spannte meine Haut. Ich roch Imelda an meinen Händen, sie wehte aus meinen Shorts.

Die Tür war unverschlossen. Die Lampe in der Ecke des Wohnzimmers war an. Das Nachtlicht im Flur war an. Ich zog meine Laufschuhe aus und ging leise durch den Flur zum Schlafzimmer. In dem schwachen Licht sah ich, daß Lois im Bett war, mit dem Gesicht zur Wand, mit dem Rücken zur Tür, die Decke bis zu den Ohren hochgezogen. Sie war reglos.

Von meiner Bettseite her beobachtete Spike mich verschlafen, streckte sich, den Kopf auf die Pfoten gelegt. Ich glaube ohnehin nicht, daß ich den Mut gehabt hätte, ins Bett zu gehen und um Verzeihung zu bitten. Doch daß ich Spike schon dort liegen sah, machte die

Sache klarer, und ich schlich mich zurück ins Wohnzimmer und legte mich auf die Couch. Ich rollte mich unter einer kleinen Wolldecke ein und stieß erst dann die Luft aus, atmete sehr vorsichtig.

Als ich am nächsten Morgen steif und schuldig aufwachte, waren Lois und Spike weg. Irgendwann nachmittags kam sie allein nach Hause. Sie trug eine meiner alten zerrissenen Jeans und ein weites Flanellhemd und eine Braves-Kappe, die sie sich über die Augen gezogen hatte. Wir sprachen nicht. Ich ging hinaus in die Garage und räumte Gerümpel aus, das dort etliche Jahre gelegen hatte, transportierte es auf dem Pick-up zur Müllkippe, kam dann wieder und duschte. Ich roch etwas Köstliches, das in der Küche kochte. Als ich mich angezogen hatte und aus dem Bad kam, war das Haus nur von einem sanften Flackern aus dem Eßzimmer erhellt. Lois saß allein an ihrem Ende des Tisches und aß. Sie beachtete mich nicht, als ich in der Tür stand.

»Lois«, sagte ich. »Wo ist Spike?«

Sie schnitt ein Stück Schweinebraten ab und kaute einen Augenblick. Ihre Haare waren naß und aus der Stirn zurückgekämmt. Sie trug Augen-Make-up, was die Tiefe und die von mir nur wenige Male als wahrhaft erstaunlich erkannte Schönheit ihrer grünen Augen hervorhob. Ihre lackierten Nägel blitzten im Kerzenschein.

Der Tisch war mit unserem guten Porzellan und Silber und einem sehr schönen Mahl gedeckt. Sie kam mir vor, als hätte ich sie gerade erst kennengelernt, als hätte sie unsere Begegnung inszeniert. Sie sah mich an, und mir sank das Herz, und der Knoten, der sich am Abend davor in meiner Brust gebildet hatte, begann sich in Trauer aufzulösen.

»Er war ja schon ziemlich alt«, sagte sie. Sie nahm einen Schluck Wein, eine teure Flasche, die wir für eine besondere Gelegenheit aufgehoben hatten. »Ich habe ihn einschläfern lassen.«

Es überrascht mich, wie oft Hunde Schlagzeilen machen. Da war die über den Hund, der in einer Stadt in Kalifornien zum Bürgermeister gewählt wurde. Und eine andere über einen Hund, der Klavier spielen konnte, ich glaube, es war ein Schnauzer. Häufiger aber sind sie in Kriminalfälle verwickelt – Hundebisse, Hunderudel, die Kinder angreifen. Ich habe mehrere Artikel über Hunde gelesen, die ihren Herrn erschossen haben. Ein solcher war in dem Stapel alter *Mobile Register* im Wohnzimmer. »Hund schießt, tötet Herrn«, lautete die Schlagzeile. Das war lange her, '59. Wie konnte man einen solchen Artikel nicht lesen? Der Mann führte seine Gewehre im Auto mit sich. Er hielt an, um sich mit einem Verwandten auf der Straße zu unterhalten, und ließ die Hunde laufen. Als der Verwandte ging, rief der Mann seine Hunde. Einer sprang auf den Rücksitz und geriet an den Abzug eines Gewehrs, das sich entlud und ihn, so der Artikel, »unterhalb des Magens« traf. Der Mann schrie seinem Verwandten zu: »Ich bin getroffen!« und fiel in den Graben.

Ein anderer Artikel hieß »Hund in Todeszelle« und handelte von einem Hund, der so viele Katzen in seiner Nachbarschaft getötet hatte, daß ein Richter ihn zum Tode verurteilte. Und ein anderer wurde dazu verurteilt, aufs Land gebracht zu werden oder zu sterben, nur weil er so viel bellte. Dann noch so ein ähnlicher Artikel, das war erst dieses Jahr, über einen verurteilten Beißer, der in letzter Minute noch begnadigt wurde. Ich habe gehört, daß im Mittelalter regelmäßig Tiere angeklagt wurden, mit Zeugen und Aussagen und so weiter. Heute ist das aber relativ selten.

Ein Artikel, mein Lieblingsartikel, trug die Überschrift »Hundenärrin hat Erscheinung«. Er handelte von einer alten Frau, die allein mit ungefähr zweiundvierzig Hunden lebte. Herrenlose zog es zu ihrem Haus hin, und sie verschwanden für immer von der Straße. Nachts, wenn Sirenen durch die Straßen der Stadt heulten, erhob sich innerhalb ihrer Wände ein großes Gejaule. Eines Tages dann wollte das Hundegebell nicht enden, es war ein Lärm, wie sie ihn nie zuvor veranstaltet hatten. Es ging den ganzen Tag so, die ganze Nacht und auch noch den nächsten Tag. Passanten, die auf dem Gehsteig an dem Haus vorbeigingen, hörten Sachen gegen die Türen schlagen, sahen Hundeklauen an den Scheiben kratzen, Zähne an den Fensterrahmen nagen. Schließlich brach die Polizei die Tür ein. Hunde verschwanden durch die geöffnete Tür auf Nimmerwiedersehen. Zitternde Skelette, die ihresgleichen nicht fressen wollten, kauerten in den

Ecken, hinter Sesseln. Überall Hundescheiße, der Gestank war grauenhaft. In der Kühltruhe im Keller fanden sie tote Hunde, kleine Köter ganz und größere zerteilt. Die Polizei machte sich auf die Suche nach dem zernagten Leichnam der Frau, doch sie war nirgends zu finden.

Zunächst glaubte man, die hungernden Hunde hätten sie aufgefressen: mitsamt Kleidern, Haut, Haaren, Muskeln und Knochen. Dann aber, vier Tage später, entdeckten Jäger sie, wie sie nackt an einem Wasserreservoir umherirrte, völlig zerkratzt, orientierungslos.

Sie sei entführt worden, sagte sie, und beschrieb große Wesen mit Hundekopf, die ihr die Hände leckten und an ihren Genitalien schnupperten.

»Sie haben mich in ihrem Schiff mitgenommen«, sagte sie. »Auf den Hundestern, die beherrschen uns. Die hier«, sagte sie und schwenkte den Arm umher, womit sie die Erde bezeichnete, »die sind nichts, verglichen mit den Hunden dort.«

An einem warmen Nachmittag im November, einem wunderschönen luftigen Spätsommertag, lenkte der Wind Lois in ihrem Volkswagen irgendwie zum Haus. Sie war umhergefahren. Ich holte zwei Bier aus dem Kühlschrank, und wir setzten uns hinten raus und tranken, ohne zu reden. Dann saßen wir eine Weile da und sahen einander an. Wir tranken noch zwei Bier. Eine rosige Sonne senkte sich hinter dem alten Wäldchen am Ende des Feldes, und das Licht wurde weich, allmählich blau. Die Schwänze der Hunde strichen wie Periskope durch das hohe Gras.

»Sollen wir ein Stück gehen?« sagte ich.

»Okay.«

Die Hunde trabten heran, als wir durch den Stacheldraht stiegen, sprangen dann voraus, setzten wie Rehe über hohe Gräser. Lois blieb mitten auf dem Feld stehen und schob die Hände in die Taschen meiner Jeans.

»Ich hab dich vermißt«, sagte sie. Sie schüttelte den Kopf. »Weiß Gott gegen meinen Willen.«

»Tja«, sagte ich. Wut wegen Spike stieg in mir hoch, doch ich schluckte sie hinunter. »Ich hab dich auch vermißt«, sagte ich. Sie sah mich voller Wut und Begehren an.

Wir knieten uns hin. Ich rollte im Gras umher, ebnete ein kleines Bett. Wir fielen übereinander her. Als ich sie küßte, hätte ich sie am liebsten bei lebendigem Leib gefressen. Ich nahm große sanfte Bisse von ihren Brüsten, die schwer und weich waren. Sie packte mich an der Taille mit den Fingernägeln, zog heftig an mir, trat mir mit den Hacken in den Arsch, biß mich in die Schultern und zog mich, als sie kam, so fest an den Haaren, daß ich aufschrie. Nachdem wir wieder zu Atem gekommen waren, warf sie mich von sich wie einen alten Sack Futtermais.

Wir lagen auf dem Rücken. Der Himmel war leer. Mehr konnten wir bei dem hohen Gras um uns herum nicht sehen. Eine Weile schwiegen wir, und dann erzählte mir Lois, was beim Tierarzt geschehen war. Sie erzählte mir, wie sie Spike festhielt, während der Tierarzt ihm die Spritze gab.

»Wahrscheinlich dachte er einfach, er wird wieder geimpft«, sagte sie. »Wie damals, als ich das erste Mal mit ihm dort war.«

Sie sagte, Spike sei so brav gewesen, habe sich nicht gewehrt. Er habe sie angesehen, als sie die Hände auf ihn legte, um ihn niederzuhalten. Er habe Angst gehabt und nicht mit dem Schwanz gewedelt. Und da habe sie schon angefangen zu weinen, sagte sie. Der Tierarzt habe sie gefragt, ob sie es denn auch wirklich wolle. Sie habe genickt. Dann habe er Spike die Spritze gegeben.

Sie weinte, während sie mir das erzählte.

»Er hat den Kopf hingelegt und die Augen zugemacht«, sagte sie. »Und ich hatte ja die Hände so auf ihm, und da hab ich versucht, ihn zu mir zurückzuziehen. Zurück zu uns.« Sie sagte: Nein, Spike, geh nicht. Sie flehte ihn an, nicht zu sterben. Der Tierarzt war sauer und sagte ihr ein paar Worte und ging dann wütend raus, ließ sie allein in ihrem Schmerz. Und als es vorbei war, war ihr einen Augenblick lang, als wüßte sie nicht, wo sie sei. Saß da allein auf dem Boden mit dem starken Geruch von Flohmittel und Antiseptikum und dem Weiß des Fußbodens und der Wände und dem Edelstahl des Untersuchungstisches, auf dem Spike gestorben war und wo er nun lag, und in dem Moment sei er alles gewesen, was sie je geliebt habe.

Sie leerte die Bierdose, wischte sich die Augen. Sie

holte tief Luft und ließ sie langsam wieder heraus. »Ich wollte dir einfach weh tun. Mir war nicht klar, wie sehr es mir selber weh tun würde.«

Sie schüttelte den Kopf.

»Und jetzt kann ich dir nicht verzeihen«, sagte sie. »Und mir auch nicht.«

Früher, als Harold noch mit Westley zusammen war und ich noch mit Lois, hatte Harold große Grillpartys geschmissen. Er hatte eine Grube, die wir ausgehoben hatten und in der ein ganzes Schwein langsam gegart werden konnte, einen Backsteingrill für Hähnchen und einen Räucherofen aus einer alten Öltonne. An einem kühlen Abend gegen Ende der Vogelsaison ließ Harold also, um die alte Lebensfreude ein bißchen aufzufrischen, wieder eine steigen, und viele unserer alten Freunde und Bekannten kamen. Dann tauchte Phelan auf, betrunken, mit einem Schweinskopf, den er im Schlachthof gekauft hatte. Er hatte gehört, man könne Schweinsköpfe kaufen, und im Anschluß an einen Nachmittag im Blind Horse meinte er, es könne spaßig werden, einen zum Barbecue mitzubringen. Er bestand darauf, ihn in den Räucherofen zu setzen, es hätte daher eine Szene gegeben, wenn man ihn daran gehindert hätte. Etwa alle halbe Stunde hob er schwungvoll den Deckel und sah nach dem Kopf. Die Lider des Schweins schrumpften und gingen halb auf, die Augen wurden milchig. Perlige Feuchtigkeit drang durch das Fell, es wurde teigig-blaß. Den Leuten verging der

Appetit. Viele wurden still und gingen. »Entschuldigt«, verkündete Phelan von der Veranda, während sie gingen und er dastand wie Marcus Antonius bei Shakespeare: »Ihr braucht nicht zu gehen. Ich bin nicht gekommen, um das Schwein zu essen, sondern um es zu begraben.«

Schließlich holte Harold den Schweinskopf aus dem Räucherofen und warf ihn in die hinterste Ecke des Gartens, und Phelan stellte sich eine Minute lang darüber und rezitierte ein paar Zeilen Tennyson. Ike und Otis gingen schnüffelnd hin, schnüffelten, die Augen braune Murmeln. Sie wichen zurück, setzten sich knapp außerhalb des Lichtscheins der Veranda und betrachteten den Schweinskopf, wie er im Gras dampfte, als wäre er heulend durch die Atmosphäre gefallen und in den Garten geplumpst, etwas Außerirdisches, das da jetzt abkühlte, ein neuer Teil der Landschaft, ein neues Rätsel, das da entstand, etwas Neues auf der Welt, immer da, wenn sie um die Ecke kamen, noch immer da, stinkend und stumm, bis Harold ihn draußen im Feld vergrub. Danach blieben wir weitgehend unter uns.

Wir verbrachten unseren Winter im Haus, das wir verrammelt hatten, die Spalten unter Türen und um Fenster herum zugestopft mit alten Pferdedecken und Zeitungen und Knäueln von Kleidern, die schon an den Nähten auseinanderfielen, während die Heizkörper in den hohen Räumen zischten. Wir gingen hinaus, um Whiskey und Anziehsachen und Fleisch zu kaufen, schauten gelegentlich auf einen Frühnachmittag im

Blind Horse vorbei, verbrachten die Abende aber zu Hause. Wir schrieben Briefe an alle, die wir liebten und vermißten, und planten Frühjahrstreffen, wenn möglich. Harolds vormals heimliche Geliebte, Sophia die Landvermesserin, kam ein paarmal vorbei. Ich schrieb Lois, erhielt aber keine Antwort. Ich schrieb meinem Redakteur beim *Journal* und fragte, ob ich im Spätfrühling zurückkommen könne, aber vielleicht sollte ich doch was anderes machen.

Jetzt ist es März, der Monat, in dem unsere Ahnen junge Hunde und Männer der Feldfrucht opferten und das Blut mit dem Korn mischten. Harold überlegt, ob er Bohnen pflanzen soll. Wir haben die erstaunten Köpfe von Brassen in der Erde verstreut, Trauertauben in ihrem schönen lidrigen Schlaf. Das Blut der Vögel und der Fische und die Samen der Ernte. Ich fand die Haut unserer Hausnatter, abgestreift und zurückgelassen auf der Feuerstelle. Sie macht sich bereit, wieder hinauszugehen. Die Tage werden wärmer, und auch wenn es abends noch kühl ist, bleiben wir bis spät hinterm Haus, trinken Harolds Famous Grouse, um warm zu bleiben, versuchen, die Welt in unseren Herzen wieder ein wenig in Ordnung zu bringen. Ich hoffe, wenigstens bis Mitternacht draußen zu bleiben, bis der Große Hund schließlich im Westen untergeht, nachdem er den ganzen Abend lang den südlichen Horizont abgewandert hat. Vor Sonnenuntergang steigt er auf und strahlt hell über den Weiden in der Abenddämmerung, der große helle Sirius, der erste Stern am Himmel, der uns hoffentlich fruchtbare Felder beschert. Es rührt mich, zu ihnen hinaufzuschauen, zu ihnen allen, nicht nur zu dem einen, es rührt mich über meine riesige persönliche Enttäuschung hinaus. Und angezecht ruft Harold Otis herbei und stellt sich in Positur: »Orion der Jäger«, sagt er, »und sein Großer Hund.« Otis sieht ihn an und stellt sich ebenfalls in Positur: Ist da etwas? Gehen wir jagen? Harold verharrt in der Pose, und Otis trottet hinaus aufs Feld, ruhelos, schnüffelnd. Ich kann spüren, wie die Erde sich unter uns dreht, unter den Sternen rollt. Beim Hochblicken verliere ich das Gleichgewicht und falle nach hinten ins Gras.

Wenn der Grouse reicht, bleiben wir auf bis zum Morgen, wenn die stellaren Hunde und Jäger weiterziehen, um der Geschichte anderer Welten nachzuspüren, wenn die kalten fernen Figuren des Helden Perseus und seiner Geliebten Andromeda im Morgenschimmer zum Nichts vergehen.

Und dann stolpern wir in das zerfallende Haus ins Bett. Dann rollen alle unsere Träume zu der tiefen Stelle in der Mitte des Hauses und versammeln sich dort, mischen sich mit den Luftzügen unter den Türen, mit den mürben Blättern vom letzten Jahr und den schleichenden Skinks und den Träumen der Hunde, die von der Jagd träumen müssen, vom Jagen, von läufigen Hündinnen, wie sich alte Fährten mit ihrem eigenen dumpfen Geruch vermischen. Und tief im Schlaf träumen sie von Raumfahrten, davon, wie sie auf den Hinterbeinen tanzen, wie sie Männer mit Hundeköpfen und Schnauzen sind, wie sie in bezogenen Betten schlafen, wie sie Auto fahren, wie sie jede Nacht den Fellmantel ausziehen und mit Frauen von Angesicht zu Angesicht schlafen. Wie sie sich ihr Essen kochen. Und Harold und ich träumen von Tagen, an denen wir Männerkniekehlen folgen und schwachen Fährten in der Erde, den überwältigenden Gerüchen all unserer Verwandtschaft, unserer Vergangenheit, wo jeder Fehler stark wie Schwefel ist, unsere Siege noch vage Spuren hier und da. Das Haus zerfällt zu Staub. Das Ende all dessen ist nah.

Erst gestern ging Harold in die Küche, Kaffee holen, und sah die Natter um die warme Kanne geschlungen. Otis spielte verrückt. Harold schrie auf. Das Gekreisch von Sophia der Landvermesserin erscholl hoch und klar und regelmäßig, und im Halbschlaf konnte ich die Quelle dieses Mißklangs, der da die Luft erfüllte, nur erahnen. Oh, erschlage mich und verstreue meine Teile auf dem Feld. Das Haus war die Hölle. Und auch Ike, der aus vollem Hals – auf der Veranda draußen – heulte, ohne Erinnerung, ohne Verstand, angetrieben einzig von Otis' Bellen: verloren schon im eigenen Handeln, seinen letzten bewußten Bedürfnissen entrückt.

SEHENDES AUGE

Der Hund kam an die Bordkante und blieb stehen. Der Mann, der sich an seinem Geschirr hielt, blieb neben ihm stehen. Auf der Ampel gegenüber blinkten die Worte »Don't Walk«. Der Hund sah die Ampel, schenkte ihr aber wenig Beachtung. Er war darauf abgerichtet, das Wesentliche zu sehen: das Fehlen von fahrendem Verkehr. Die Ampel blinkte weiter. Die Autos fuhren weiter über die Kreuzung. Er sah auf die Autos, horchte auf die Stärke ihrer Motoren, das dürre Heulen ihrer Reifen. Er horchte auf etwas, was zu seiner Gewohnheit geworden war, das Summen und Klicken von Schaltern aus dem Kasten am Mast neben ihm. Der Hund verband dies mit dem bevorstehenden Anhalten der Autos. Er blickte über die rechte Schulter zu dem Mann, der mit geneigtem Kopf dastand und auf den Verkehr horchte.

Eine Frau hinter ihnen sprach.

»Huch«, sagte sie. »Die Ampel hakt.«

Der Hund sah zu ihr hin, wandte sich dann wieder

dem Verkehr zu, der ohne Unterbrechung weiter über die Kreuzung rauschte.

»Ich gehe eine Straße weiter«, sagte die Frau. Sie sprach den Mann an. »Soll ich Ihnen einen anderen Weg zeigen? Wer weiß, wie lange das mit der Ampel noch dauert.«

»Nein, danke«, sagte der Mann. »Wir warten einfach noch ein bißchen, was, Buck?« Der Hund blickte über die Schulter auf den Mann, dann zu der Frau hin, die sich zum Gehen wandte.

»Viel Glück«, sagte die Frau. Die Ohren des Hundes richteten sich auf, und er spannte sich kurz an.

»Sie hat ›Glück‹ gesagt, nicht ›Buck‹«, sagte der Mann, lachte leichthin und langte hinab, um den Hund an den Ohren zu kraulen. Er packte mit der rechten Hand die Hautfalten an Bucks Hals und schüttelte sie liebevoll. Das Führungsgeschirr hielt er weiter locker in der Linken.

Der Hund beobachtete den vorbeirauschenden Verkehr.

»Wir warten einfach hier, Buck«, sagte der Mann. »Bis wir eine ganze Straße weiter gegangen sind, hat sich die Ampel von selbst gerichtet.« Er räusperte sich und neigte den Kopf, als horchte er auf etwas. Der Hund senkte den Kopf und rutschte mit den Schultern in seinem Geschirr.

Der Mann lachte leise.

»Wenn wir eine Straße weiter gingen, dann würde die Ampel dort bestimmt auch haken. Dann würden wir so einer Art Verkehrsstörung quer durch die ganze Stadt folgen. Wir würden meilenweit laufen und dann schließlich auf einem Feld landen, und eine Stimme würde sagen: ›Vermutlich möchten Sie nun wissen, warum ich Sie habe kommen lassen.‹«

So lange hatten sie noch nie darauf gewartet, daß der Verkehr zum Stehen kam. Der Hund sah auf der anderen Seite Leute, die kurz warteten, sich umblickten, dann weitergingen. Er beobachtete den Verkehr. Er begann, eine hypnotische Wirkung auf ihn zu haben: der Verkehr, die blinkende Fußgängerampel. Seine Konzentration auf den nächsten Schritt, das Überqueren, auf die zu vermutenden Wege der Fußgänger um sie herum und jener, die noch am Bordstein gegenüber warteten, auf die potentiellen Hindernisse vor ihm, das alles löste sich auf in den seltenen Luxus schweifender Aufmerksamkeit.

Die Geräusche des Verkehrs, der über die Kreuzung rauschte, schrumpften in seinem Hinterkopf zu einem kleinen Hörpünktchen, und er wurde des gleichmäßigen Meckerns eines langsam rotierenden Kastenventilators in einem offenen Fenster des Gebäudes hinter ihnen gewahr. Seltsame Gerüche hoben sich in seinen Nasenlöchern voneinander ab und mengten sich zu einem dichten Gestank, der die Fußgänger, die neben ihnen anhielten, umstrudelte, eine geheime aromatische Geschichte, die ihn noch umwirbelte, als die Fußgänger untereinander murmelten und weitergingen.

Der harte, saubere Geruch neuen Schuhleders sickerte aus den klimatisierten Geschäften und überlagerte die Strömung von getragenem Leder und Ruß, die aus winzigen dumpfigen Poren im Gehsteig drang. Er schnüffelte danach und nieste. In bebender Verwirrung nahm er alles wahr, was der Wind mit sich trug, den starken Duft von Tabak und dessen scharfen kratzeisernen Rauch, die Benzin- und Kohlenmonoxiddämpfe und den Gestank von altem Gummi, die fauligen Wellen aus den Abfalleimern in den Durchgängen und an der Bordkante in Seitenstraßen, die das alles durchwogten.

Er senkte den Kopf und rutschte mit den Schultern in dem Geschirr wie ein Boxer.

»Ganz ruhig, Buck«, sagte der Mann.

Manchmal ging der Mann in ihrem Zimmer auf und ab und sprach im Gleichklang mit seinen Schritten, bis er Buck, der unterm Eßtisch ausruhte, einlullte wie eine Uhr. Er döste zu dem Gemurmel des Mannes und dem siebenden Geräusch seiner Finger, wenn diese über die Seiten seines Buches strichen. Zuweilen saß der Mann in ihrem dunklen Zimmer auf der Kante seiner Pritsche, kraulte Buck die Ohren und sprach mit ihm. »Panorama, Buck«, sagte er etwa. »Daran kann ich mich am schwersten erinnern. Die Einzelheiten kann ich sehen, mit den Händen, mit der Nase, mit der Zunge. Die kommen wieder. Aber das Ganze. Ich habe das Gefühl, als würde ich es durch etwas Unechtes ersetzen, wie einen Disneyfilm oder so was.« Buck blickte auf das umschattete Gesicht des Mannes in dem dunklen Zimmer, auf seine kleinen Augen in ihren fahlen Vertiefungen.

Auf der Farm, wo er vor seiner Ausbildung an der Schule großgeworden war, hatte Buck Pete geheißen. Die Kinder und der alte Mann und die Frau hatten mit ihm gebalgt, hatten Stöckchen geworfen, »Pete! Guter Pete« gesagt. Sie hatten ihn gerufen, den Namen in sein Fell gebrummelt. Doch nun sagte der Mann immer »Buck«, im selben Tonfall, immer sanft und freundlich. Als redete der Mann mit sich selbst. Als wäre Buck gar nicht richtig da.

»Ich vermisse Farben, Buck«, sagte der Mann etwa. »Es fällt mir immer schwerer, mich an sie zu erinnern. Der blaue Planet. Daran erinnere ich mich. Bilder aus dem All. Aus der Schwärze heraus.«

Als Buck von der Kreuzung aufblickte, sah er Vögel durch den Himmel zwischen den Gebäuden hindurchzischen, genauso schnell, wie sie im Morgengrauen am offenen Fenster vorbeiglitten. Er hörte ihre hohen Schreie so deutlich, daß er ihre Knopfaugen sah, die Häkchenzungen, wie sie zwischen den aufgesperrten Schnäbeln zuckten. Er geiferte nach dem dumpfen Geschmack einer Taube, die er einmal im Maul gehabt hatte. Und in seinen zartesten Knochen spürte er das Gesumm einer unaufhörlichen Tätigkeit, das leise Brummen jenseits der sichtbaren Welt. Das Fell sträubte sich ihm im Nacken, und seine Muskeln kribbelten wie elektrisch geladen.

Es surrte metallisch, wie ein großer fetter Maikäfer,

der auf dem Rücken liegt, gefolgt von dem matten Klacken des Schalters im Kontrollkasten. Autos hielten. Die Spur öffnete sich vor ihnen, und einen Augenblick lang bewegte sich niemand, als wäre den leeräugigen Fahrzeugen nicht zu trauen, als würden sie nur von einem zerbrechlichen, wundersamen Glauben zurückgehalten. Er spürte, wie die Hand des Mannes das Ledergeschirr nun sorgfältig umschloß. Er spürte, wie die Geschäftigkeit der Welt sich in den enggezogenen Tunnel ihres Wegs hineinspulte.

»Vorwärts, Buck«, sagte der Mann.

Er stemmte sich ins Geschirr und zog sie hinein in die Welt.

EIN SEGEN

An jenem Nachmittag fuhr ihr Mann sie über den alten Birmingham-Highway mit dem Kombi, einem 1985er Ford LTD Country Squire, den er in diesen letzten Tagen ihrer, wie sie es nannte, großen Gravidität aus einer Laune heraus gekauft hatte. Es war ein großer, sicherer Wagen. Er fuhr wie immer langsam, ließ sich Zeit, überanstrengte das gewaltige Getriebe des Wagens nie. Der Wagen segelte über Buckel in der Straße wie eine Jacht über Wogen auf dem Ozean und pflügte durch flache Senken mit einer ernsten und ausgewogenen Verteilung seines Gewichts.

Sie saßen auf dem breiten Vordersitz so klein wie Kinder, als reichten sie mit ihren Füßen gar nicht an den Boden. In dem langen, breiten Innenraum des Wagens kam sogar sie sich klein vor mit ihrem angeschwollenen Leib und den prallen, leckenden Säcken mit den Schwangerschaftsstreifen – einst mädchenhafte Brüste, die sie in den Händen hatte bergen können. Wie sie so dasaß, kam sie sich vor wie eine zerknirschte schwangere Zwölfjährige auf einem Ausflug mit ihrem Papa.

Nach ein paar Meilen drückte ihr Mann sacht den linken Blinker des Kombis, blickte in den Rückspiegel, schaute einmal prüfend über die linke Schulter und bog ab, womit er einen Konvoi ungeduldiger Fahrzeuge entließ, der sich hinter ihm aufgestaut hatte. Im Kosmetikspiegel in ihrer Sonnenblende erhaschte sie kurze Blicke auf die wütenden Gesichter von Fahrern, die dem Ford nachschauten, wie er die kleine Asphaltstraße entlangzockelte.

Es wurde schon Spätnachmittag, die Sonne senkte sich am Himmel und wurde im Dunst gelb. Zur Linken erschien üppiges, welliges Weideland, auf dem zwei gescheckte Pferde im Schatten eines Wäldchens grasten und mit den Schweifen nach Bremsen schlugen.

»Sieh mal, da«, sagte sie. »Schecken. Halt doch mal an, nur einen Augenblick.« Sie war als Mädchen geritten und hoffte, es eines Tages wieder zu tun, mit ihrem Kind. Ihr Mann lenkte den Kombi behutsam auf den Seitenstreifen und kam herum, um ihr beim Aussteigen zu helfen. Er hielt sie am Arm, während sie die Beine steif machte und ihr Gewicht vom Ballen eines geschwollenen Fußes auf den anderen verlagerte, hin zum Stacheldrahtzaun. Der Draht war rostig. Sie faßten ihn nicht an und versuchten auch nicht, über ihn auf die Weide zu steigen. Er pfiff ein paarmal nach den Ponys, die vom Grasen aufblickten, um kurz zu ihnen hinzusehen. Das kleinere spitzte die Ohren in ihre

Richtung, dann bückten sich beide wieder zu dem Gras hinab, das sehr saftig aussah.

»Hätten wir nur einen Apfel oder so etwas«, sagte sie.

»Wir fahren mal lieber weiter«, sagte er. »Sonst kommen wir noch zu spät.«

Sie verharrte einen Augenblick. »Das ist ein gutes Omen«, sagte sie, »daß wir die Ponys gesehen haben.«

Omen waren für ihn weniger wichtig als für sie, das wußte sie, doch blieb er nicht unbeeinflußt davon. Einmal, nach einer Trennung, sah sie einen frühen Stern unmittelbar neben dem Mond, der voll und klar war wie eine Hostie, zu der sie hochgreifen, die sie nehmen und sich auf die Zunge legen konnte. Seit ihrer Mädchenzeit hatte sie nicht mehr das Abendmahl empfangen. Es war ein sehr gutes Zeichen gewesen.

Er half ihr zum Wagen zurück, und sie fuhren weiter die Straße entlang bis zu einer Kreuzung, an der er nach rechts auf eine holperige Straße mit Schlaglöchern abbog, die an den Rändern ausgefranst war, als wäre sie aus der Mitte einer besseren Straße herausgerissen und mit zusätzlichem Asphalt geflickt worden. Der Wagen hüpfte und rappelte über ein ausgewaschenes Stück. Er fuhr noch langsamer und sah zu ihr hinüber. Sie hatte beide Hände auf ihren Bauch gelegt, als wollte sie ihn stabilisieren.

»Geht schon«, sagte sie und tätschelte sich. »Gute Stöße.«

Es ging hinab in eine bewaldete Schlucht und auf

einer kleinen Brücke über einen Bach hinweg. Das Wasser schoß unter ihnen über etwas Schieferartiges dahin, stürzte zu ihrer Linken in einen tieferen Einschnitt und verschwand in dem dichten verwobenen Laub des Waldes. Sie überlegte, was für wilde Tiere wohl da drin herumkrochen, was für fremdartige kleine Tiere. Triere, so hatte sie als Kleinkind zu Tieren gesagt. Vor zwei Monaten hatte sie einen Ultraschall machen lassen, hatte ein wenig Scheu und auch Angst vor dem fremden Bild des Babys auf dem Schirm gehabt, vor seinen großen dunklen Augenhöhlen und der seltsam reptilienartigen Haltung in der Gebärmutter. In gewisser Hinsicht war es wie das körnige Negativbild eines Alptraums, und dennoch hatte sie von dem Augenblick an, als sie es gesehen hatte, eine tiefe und überwältigende Liebe dafür empfunden. Sie war abergläubisch, das wußte sie, weil sie eine verletzliche Phantasie hatte.

Der Wagen stieg gleich einem Flugzeug, das ächzend in die Luft abhob, die andere Seite der Schlucht hinauf. Oben auf dem Hügel bog ihr Mann erneut nach rechts auf einen festgefahrenen Schotterweg, der sich in den Wald schlängelte, anstieg und in einer Lichtung auf der Kuppe eines Hügels endete, von wo aus zwei schmale Fahrwege abfielen.

»Ich glaube, jetzt geht's nach links weiter«, sagte ihr Mann. Der Weg, auf den er zeigte, halb so breit wie der Schotterweg, schien auf Wipfelhöhe der Laubbäume, die unten im Canyon wuchsen, in die Luft zu führen. Behutsam fuhr er den Kombi an den Rand, und sie spähten darüber hinweg, worauf sie eine steile und ausgefurchte Auffahrt erblickten, die unten scharf in eine Lichtung bog. Durch die Bäume hindurch konnten sie einen Teil eines Hauses und dahinter das schräge spätnachmittägliche Licht auf Wasser schimmern sehen.

»In den alten Canyons hier muß es überall Seen geben«, sagte er. »Hätt' nichts dagegen, hier draußen zu wohnen.«

Der Motor des Kombis drehte sich abwechselnd in hohem und niedrigem Leerlauf, je nachdem, ob der Kompressor lief oder nicht. Er schaltete die Klimaanlage ab, drehte sämtliche Fenster am Wagen herunter, indem er die Drucktasten an seiner Armlehne betätigte, und stellte dann den Motor ab. Der Motor klickte wie ein Dirigentenstock auf dem Notenständer, die Stille des Waldes ließ sich in ihren Ohren nieder, und sie hörten das unregelmäßige Summen von Insekten, die eigentümlich lauten Stakkatolieder von Vögeln und ein leises Geräusch, das sie nicht bestimmen konnten: Wasser, der Wind in den Bäumen oder beides.

»Es ist so still.«

»Könnt' mich dran gewöhnen«, sagte er.

»Sei vorsichtig mit dem Hund, ja?«

»Ja. Ich steige nur aus, wenn er ordentlich aussieht.«

»Gut«, sagte sie.

»Wir brauchen ja nicht sofort wieder einen neuen Hund, wenn du nicht willst. Das ist wirklich nicht so wichtig.«

»Nein, ist schon gut. Ich weiß, du vermißt Rowdy.«

»Ja«, sagte er. »Ich vermisse ihn.«

»Ich möchte nur sicher sein, daß dieser Hund – ich weiß auch nicht – gutmütig ist.«

»Er wird es schwer haben als Nachfolger.«

»Ja. Rowdy war der beste.«

»O ja«, sagte er. »Das war er.«

Wieder spähten sie über den Rand des Wegs. Der Wagen thronte einfach so da.

»Na«, sagte er, »dann wollen wir mal.«

Er ließ den Wagen nicht wieder an, sondern drehte den Zündschlüssel lediglich auf Start, drückte den Schalthebel auf Neutral und ließ den Kombi langsam auf dem schmalen Weg den Hügel hinabrollen. Er war steil und von Erosion zerfurcht, der meiste Schotter war weggespült. Es war wie ein Rodeoritt in Zeitlupe. Sie wurden nach vorn in ihre Sicherheitsgurte und Schulterriemen gepreßt, so daß ihre Arme fast am Armaturenbrett hingen. Eine schwache, schnelle Übelkeitswelle durchfuhr sie, und sie wünschte beinahe, sie wäre nicht mitgekommen.

Am Fuß des Hügels bogen sie in eine matschige Lichtung vor einem kleinen Backsteinhaus, wo sie sogleich von drei freundlichen, bellenden, schwanzwedelnden Hunden bestürmt wurden. Als er ausstieg, stürzten die Hunde sich auf ihn, stellten sich auf die Hinterbeine, rechten ihm die Kleidung mit matschigen Pfoten und leckten ihm die Hände. Die Hunde waren so sinnlos glücklich, daß sie bei ihrem Anblick eine Aufwallung von Freude nicht unterdrücken konnte. Sie wedelten mit dem gesamten Hinterteil, wellten das Rückgrat, peitschten mit dem Schwanz und rannten hin und her zwischen ihrem offenen Fenster und ihrem Mann, verzweifelt beider Aufmerksamkeit gleichzeitig suchend, von ihrer Ankunft in einen Glücksrausch getrieben. Er blickte erfreut zu ihr zurück, und sie lachte laut auf.

»Sind das tolle Hunde«, rief sie zum Fenster hinaus. Ihr Mann lächelte, rangelte mit zwei von ihnen, einem großen Tier, einer Mischung aus Schäferhund und Husky mit massigem Kopf und dichtem Fell, und einem mittelgroßen kurzhaarigen Hund mit weißen und braunen Flecken wie Muttermale: ein schlichter Köter. Die beiden Hunde zwickten ihn in Hände, Handgelenke und Hosenaufschläge. Ein kleinerer Hund, ähnlich einem Welsh Corgi, bestimmt aber eine Collie-Promenadenmischung, wuselte um sie herum, um Platz wetteifernd.

Sie hatte den Eindruck, daß es sicher war auszusteigen, und so öffnete sie die Tür und drehte sich, nachdem sie sich zunächst ein Stückchen nach hinten geschaukelt hatte, auf die Beine. Die Hunde bestürmten sie, hielten sich aber zurück, als spürten sie, daß sie eines sanfteren Umgangs bedurfte. Sie stießen sie mit Schultern und Hinterteil und strichen und schlängelten um ihre Knie und durch ihre Beine, jaulten in kaum unterdrückten Freudenanfällen auf. Sie bückte sich zu dem kleinen Collie hinab, um ihn am Kopf zu kraulen, worauf der Hund reglos verharrte und mit seinen weichen braunen Augen in die ihren aufschaute. Eine plötzliche Schwere in der Brust trieb ihr fast die Tränen in die Augen.

Sie wußte, was das zu bedeuten hatte, sie verstand Stimmungsschwankungen, irrationale Ängste, Hormonprobleme. Sie war womöglich noch klüger als ihr Mann, der promoviert hatte, aber dennoch weiter an der High-School Chemie unterrichtete, weil er glaubte, dort am meisten gebraucht zu werden. Sie sah ihm zu, wie er mit den Hunden tollte, die wieder zu ihm zurückgetrabt waren. Auch sie wäre Lehrerin geworden, doch ihr etwas zerbrechliches Selbstwertgefühl in Verbindung mit Lampenfieber und mürrischen Schülern machte diese Aufgabe unmöglich. Weil sie darin gescheitert war, wurde sie wütend und ungeduldig mit sich selbst. Sie wollte nicht schwach erscheinen. Bei festen Stellen desillusionierte sie der Zynismus, mit dem die Leute sich durchs Leben schlugen; sie schwangen ihn wie mittelalterliche Schwerter, ohne Eleganz und mit herzloser Gleichgültigkeit dem Schaden gegenüber, den sie möglicherweise damit anrichteten. Der kleine ruhige Hund, dessen weiches Fell sie streichelte, trug an all dem keine Schuld.

Die beiden anderen Hunde waren wieder zu ihr gekommen, hatten den kleineren Hund weggedrängt, und entschlossen kniete sie sich in das Chaos peitschender Schwänze und stoßender Schnauzen, stellte sich tapfer den breiten hellroten Zungen, die ihr nasse Schläge ins Gesicht versetzten. Sie sah, wie ihr Mann sich aufrichtete, sich die Hände an der Khakihose abwischte und zum Haus hinblickte, um dessen Ecke ein kleiner dicker Mann gekommen war und sich ihnen näherte. Er trug ein sauberes Flanellhemd, Jeans und kniehohe weiße Gummistiefel über den Hosenbeinen. Sein breites, kantiges Gesicht war glattrasiert, und seine Haare hatten einen nachlässigen, herausgewachsenen Bürstenschnitt. Sie schätzte sein Alter auf etwa fünfzig. Aus einem kurzen Lederhalfter an seinem Gürtel ragte der Kolben einer kleinen Pistole hervor.

»Hallo«, sagte ihr Mann. »Wir haben wegen eines Hundes angerufen?«

Der Mann nickte.

»Welchen wollen Sie?«

Ihr Mann stockte und blickte dann zu ihr hin.

»Nun ja«, sagte er und schaute auf die Hunde, die zwischen ihm und dem Mann wuselten und hin und her trabten. Der Mann beachtete die Hunde nicht. »Ich habe mit jemandem gesprochen – Ihrer Frau? –, und ich meine, sie sagte, Sie hätten eine junge Retriever-Mischung. Einen Golden.«

Der Mann deutete kurz auf den großen Hund.

»Wie wär's mit dem da?«

Ihr Mann bückte sich, um dem Schäferhund-Husky über den Kopf zu streicheln, und schaute dann zu seiner Frau hin, die vorsichtig kniete und sich von dem kleinen Collie und dem braunweißen Hund anstupsen ließ. Mit einem kurzen Blick zum Haus hin sah sie, daß die Jalousien heruntergelassen waren. Wo einmal

Büsche rings um das Haus gestanden hatten, waren nun kahle braune Stengel, die graue Erde drum herum war zertrampelt und mit glatten Vertiefungen übersät. Sie vermutete, daß da die Hunde tagsüber lagen, um sich abzukühlen. Die Fliegentür zur hinteren Veranda war offen, das bräunlich verfärbte Drahtgeflecht stand vom Rahmen ab. Sie legte die Hände auf die Knie und richtete sich auf.

»Ist der Retriever da?« sagte sie.

»Na ja, der Retriever«, sagte der Mann, »den hab ich verkauft.«

»Das ist aber schade«, sagte ihr Mann nach einer Pause. »Als wir heute morgen mit Ihrer Frau sprachen, meinte sie, wir könnten den Retriever heute nachmittag abholen.«

»Tja«, sagte der Mann und bückte sich, um einen kleinen abgefallenen Zweig aufzuheben und ins Gebüsch am Rand des Grundstücks zu werfen, »die weiß nicht, was da ist und was nicht. Der Hund mußte weg. Hat mir heut morgen Ärger gemacht.«

Ihr Mann wurde düster und verschlossen. Er heftete den Blick auf den anderen Mann, der daraufhin aufschaute und sie, wie es schien, verächtlich ansah: erst ihren Mann, dann sie. Es bestürzte sie, so unverhohlen angesehen zu werden. In seinen Augen lag keine Spur von Mitgefühl. Sie waren ihm nicht weniger gleichgültig als seine Hunde.

»Na gut«, sagte ihr Mann. »Dann wollen Sie uns also einen von den Hunden da verkaufen?«

»Nein«, sagte der Mann. »Nehmen Sie sich einfach, was sie wollen.«

»Sie geben sie einfach so weg?«

»Ganz recht.«

»Wir würden aber auch gern bezahlen. Wenn ich Ihre Frau richtig verstanden habe, dann sind sie schon geimpft.«

Der Mann wirkte zerstreut. Er räusperte sich und spuckte ein amöbisches Klümpchen auf die Erde.

»Ist mir wirklich gleich«, sagte er. »Die Streuner da kommen aus dem Wald. Sie hält ihr Gebelle und Getue nicht aus. Nehmen Sie sie alle mit, wenn Sie wollen. Stecken Sie sie in ihren dicken Kombi da und hauen Sie ab damit.« Er baute sich drohend auf und sah ihnen beiden ins Gesicht. »Die sind mir scheißegal. War auch nich meine Anzeige da in der Zeitung.«

Sie sah, wie sich das Gesicht ihres Mannes langsam vor Zorn verdüsterte. Er schob die Hände in die Hosentaschen, und sie sah, wie sein Mund schmal wurde.

Nach einer Pause sagte er: »Wie ich sehe, liegt hier offenbar ein Mißverständnis vor. Ich denke, wir lassen das Ganze einfach.«

»Wie Sie wollen«, sagte der Mann. Er ging zurück um das Haus herum. Der große Hund folgte ihm, kam dann gleich darauf wieder zu ihnen zurückgetrabt.

Ihr Mann hatte noch einen Augenblick da gestanden und zu Boden geblickt, das Gesicht angespannt, beide Fäuste in die Taschen gerammt. »Eigentlich sollten wir sie alle mitnehmen. Dieses Schwein«, sagte er. Er kniete noch einmal nieder, um die Hunde zu streicheln, und sie drängten sich an ihn heran, jeder verzweifelt um seine ganze Aufmerksamkeit bemüht. Der kleine Collie wurde abgedrängt und fing an zu knurren. Er versuchte, den Kopf zwischen dem großen Hund und dem braunweißen Hund hindurchzuzwängen, und als diese ihn nicht ließen, knurrte er lauter und schnappte nach der Kehle des braunweißen Hundes.

»Um Gottes willen«, sagte sie.

Ihr Mann prallte zurück und stand auf. Der Collie knurrte und hängte sich dem braunweißen Hund an die Kehle, und der braunweiße Hund versuchte, sich zu befreien, indem er den Kopf hochhielt und rückwärts hoppelte. Der kleine Collie aber, durch das Hüpfen des anderen Hundes auf die Hinterbeine gehoben, ließ nicht locker. Der braunweiße Hund jaulte los, hoch und durchdringend.

»Hört auf!« schrie die Frau sie an. Ihr Mann schrie: »He!« und klatschte in die Hände. Doch die Hunde, die wilden Augen zentimeterweit auseinander, beachteten sie nicht.

Der große Hund, die Schäferhund-Husky-Mischung, versuchte, den Collie von dem braunweißen Hund abzudrängen, schaffte es aber nicht und trabte wieder fröhlich und schwanzwedelnd zu ihrem Mann hin.

Der braunweiße Hund hatte den Hals auf den Boden gesenkt und versuchte, sich unterwürfig auf den Rücken zu rollen, doch der kleine Collie ließ nicht los, sondern zerrte fest an ihm, woraufhin der braunweiße

Hund aufbrüllte, nun laut, und sich wieder aufrappelte.

Der Besitzer kam wieder hinter dem Haus hervor.

»Sie hat ihn einfach so angefallen«, sagte die Frau.

Der Mann packte den Collie im Genick und zog, doch der hatte sich an dem braunweißen Hund festgebissen, der nun noch lauter brüllte und vor Schmerzen aufjaulte. Sie konnte kleine Rillen rosa Fleisch sehen, wo die Zähne des Collies die Haut des braunweißen Hundes aufgerissen hatten.

»Sie tut ihm weh«, sagte sie.

Schließlich sprach auch der Mann.

»Verdammt, du kleines Mistvieh«, sagte er zu dem kleinen Hund.

»Kann ich etwas tun?« fragte ihr Mann. »Wo haben Sie Ihren Wasserschlauch?« Er stand ein, zwei Meter von den Hunden und dem Mann entfernt, die Arme hilflos an den Seiten.

Der Mann griff an die Hüfte, zog die kleine Pistole und hielt sie dem kleinen Hund an den Kopf.

»Nein!« sagte sie. Der Mann sah sie an.

»Herrgott«, sagte ihr Mann.

»Wollen Sie etwa, daß sie ihn umbringt?« sagte der Mann zu ihr. »Was meinen Sie, welcher soll sterben?«

Sie war in Tränen aufgelöst.

»Tun Sie nur etwas, damit sie aufhören«, sagte sie.

»Bringen Sie die Hunde von meiner Frau weg«, sagte ihr Mann, die Stimme fremdartig erregt. »Schießen Sie nicht. Bringen Sie die Hunde weg.«

Der Mann wandte sich an ihn und sagte: »Was glauben Sie eigentlich, wo Sie hier sind?«

Sie starrten einander an, und sie spürte, wie sich ihr Herz in der Brust verkrampfte.

»Nein«, sagte sie, fast wie zu sich selbst.

Die beiden Hunde waren mit verdrehten Augen in ihrem Kampf erstarrt, die Zähne des kleinen Hundes fest im Hals des anderen Hundes. Einen Augenblick lang bewegte sich keiner. Der große Hund, die Schäferhund-Husky-Mischung, lief nervös zwischen ihnen umher.

Der Mann steckte die Pistole wieder ins Halfter und packte beide Hunde an den Hautfalten im Genick. Er hob sie in die Luft und trug sie, die Zähne des einen nach wie vor im Hals des anderen, um das Haus herum zum See, wobei der braunweiße Hund unaufhörlich heulte. Die Frau und ihr Mann folgten ein Stück und blieben stehen, als der Mann mit den beiden Hunden in den See watete und sie dann ins Wasser warf. Als er sie wieder hochzog, hatte der kleine Hund losgelassen.

»Gott sei Dank«, flüsterte sie. Ihr Mund und Hals waren ganz trocken vor Angst.

Der braunweiße Hund paddelte ans Ufer und schüttelte sich kräftig, die Tröpfchen in der schräg stehenden Nachmittagssonne klar ausgeprägt wie winzige Glasperlen. Er trabte am Ufer entlang davon. Der Mann watete mit dem Collie weiter hinaus, legte ihm beide Hände um den Hals, drückte ihn unter Wasser und hielt ihn so.

Sogar von da, wo sie standen, konnte sie sehen, wie es ihm Mühe machte, den Hund unten zu halten. Sein Hemd war naß, und sie konnte sehen, wie sich die Muskeln seiner dicken Schultern unter der Anstrengung ballten. Sie konnte sehen, wie Luftbläschen durch die Oberfläche über der Stelle brachen, wo er ihn hielt. Sie konnte sehen, wie der Hals des Mannes dunkelrot wurde.

Sie versuchte zu sprechen, konnte es aber nicht. Die Muskeln in ihrem Hals versagten ihr den Dienst. Sie wollte rufen, sagen, daß sie den kleinen Hund haben wollte, versuchen, ihm das Leben zu retten, doch sie konnte sich nicht rühren.

Es dauerte eine lange Zeit. Die späte Sonne brach durch die Bäume auf dem hohen Kamm jenseits des Sees wie durch ein Prisma. Der Augenblick war unbegreiflich schön, voller Schmerz. Sie spürte, wie sich der Angstknoten in ihr löste, und ein seltsames und tiefsitzendes Gefühl des Verlusts überschwemmte sie. Sie weinte mit gebrochenen, kindlichen Schluchzern und klammerte sich an ihrem Mann fest, dessen Gestalt wie schützend über ihren Bauch gebeugt war, der die Lippen dicht an ihrem Ohr hatte und ruhig sch, sch, sch sagte, doch sie war überwältigt davon. Als sie sich wieder faßte, waren sie allein, die Wasserfläche unberührt und die Sonne hinter dem hohen Kamm jenseits des Sees untergegangen.

Zusammen gingen sie zum Wagen zurück. Er öffnete ihr die Tür und half ihr beim Einsteigen. Ohne ein

Wort fuhren sie langsam die steile, ausgefurchte Zufahrt wieder hinauf. Oben auf dem Berg kamen der braunweiße Hund und der Schäferhund-Husky den Feldweg entlang aus dem Wald gestürzt und rannten stumm neben dem Wagen die Straße hinunter, ließen sich dann zurückfallen, blieben mit hängender Zunge stehen und blickten ihnen nach.

Als der Wagen wieder auf der Asphaltstraße war, schoß das Licht der tiefstehenden Sonne durch die Ritzen der Bäume und traf die Windschutzscheibe genau von vorn, explodierte darauf. Das Gleißen war für sie wie ein Schlag auf die Augen. Ihr Mann hielt die Hand vor sich und bremste den Wagen auf Kriechtempo ab. Sie hatte instinktiv die Hände hochgerissen, doch nun senkte sie sie wieder und ließ die Augen offen. Sie sah, wie ein heißes weißes Loch in die Luft gebrannt wurde, umgeben von einer Welt so schwarz wie schwelendes Papier. Sie spürte, wie das Licht ihr ins Gehirn drang. Sie spürte, wie es durch sie hindurch fuhr, bis hinab in ihr Kind drang, wie ein Strom der Erkenntnis.

EIN RÜCKZUG

Ich hatte meine Sachen fertig gepackt, als Ivan klopfte. Wir wollten in einer Gruppe auf die Familienfarm seiner Louisiana-Sippe fahren. Er kam herein, in seiner Daunenweste und den Jägerstiefeln, eine Marlboro im Mundwinkel, ein Auge gegen den Rauch zugekniffen.

»Fertig?« sagte er.

»Ja. Wer fährt mit uns?«

»Bloß du und ich, im Pick-up.«

Ich dachte, die andern seien vielleicht schon mit Ivans und MaeRoses Caddy, einem 1972er Seville, taubenblau, losgefahren. Ich sah ihn an, und er zuckte die Schultern.

»Was?« sagte ich.

Und so erzählte er es mir, warf es mir in ungefähr zwei Sätzen hin, das ungeheuerliche Ding: Er und Eve hatten eine Affäre gehabt, sie hatte es gestern abend Dave gesagt, und Dave hatte MaeRose angerufen und es ihr gesagt.

Meine Fresse.

»Es ging schon eine ganze Weile, sie hat es nicht mehr ausgehalten«, sagte Ivan. Er sah mich an, dann weg. »Also gut, ich gestehe. Wir haben uns während der letzten zwei Monate immer bei dir getroffen. Was weiß ich, vielleicht auch länger.«

»Hier?« Ich konnte es nicht fassen. Ich hatte Ivan den Schlüssel geliehen, damit er an meinen Computer konnte, während ich in der Uni war. Das jedenfalls hatte er gesagt.

»In meinem Bett?« sagte ich.

»Im Bett, ja.« Er gab dem Sofakissen einen Klaps. »Auf der Couch. Auf dem Fußboden, auf dem Teppich da. Draußen auf dem Balkon. Einmal im Auto, unten beim Bambus, als du zu Hause warst.«

Ich ging ans Fenster und sah da hinunter.

»Ich hab euch nicht gesehen.«

Ivan stand auf und ging ins Bad, warf seine Zigarette ins Klo, pißte, spülte. Er kam wieder heraus und setzte sich aufs Sofa. »Und jetzt brauche ich eine Zeitlang eine Bleibe. MaeRose hat mich gebeten, erst wiederzukommen, wenn sie weg ist. Sie zieht eine Weile zu ihren Eltern.«

»Willst du versuchen, es wieder hinzubiegen?«

Er schüttelte den Kopf, sah auf die Uhr.

»Vermutlich reicht sie gerade die Scheidung ein.« Er steckte sich eine neue Zigarette an. »Weißt du, sie war selber auch nicht gerade unbefleckt.«

Davon hatte ich keine Ahnung gehabt. Ivan stand auf und ging in die Küche. Er wühlte im Schrank nach dem

Bourbon, entdeckte meine Flasche Ezra, entkorkte sie, trank einen Schluck, drückte den Korken wieder hinein und stellte sie wieder in den Schrank. Er kam ins Wohnzimmer zurück. Er suchte die Wände ab, als fehlte dort etwas, ein Bild oder ein Fenster oder so.

»Und? Willst du jetzt noch?« sagte er. »Ich schon. Ich muß weg, bis sich alles ein bißchen gesetzt hat.«

Ich stand im Wohnzimmer und versuchte, das alles zu begreifen. Da meint man, man weiß, was alles so um einen herum passiert, was mit den eigenen Freunden ist, und dann stellt sich heraus, daß sie alle ihr geheimes Leben haben. Ich konnte es nicht fassen, daß er und Eve in meinem Bett gevögelt hatten. Wann hat mich denn das letzte Mal jemand in dem Bett flachgelegt? Dabei hatte ich selbst noch meine Phantasien mit Eve in dem Bett gehabt, weil sie auf einer Party mit mir geflirtet hatte. Sogar vor Dave hatte sie mit mir geflirtet, und ich hatte mich gefragt, was sie wohl im Sinn hatte. Auf einer anderen Party bei ihnen waren Eve und ich in ihrem Arbeitszimmer gewesen und hatten uns unterhalten. Dave hatte die Seitentür, die vom Bad, aufgemacht, den Kopf hereingesteckt, uns wütend angeglotzt, den Kopf wieder zurückgezogen und die Tür zugeknallt. Ich wußte also, daß da was lief, aber nicht, was. Ich hatte mir überlegt, was sie wohl im Sinn hatte.

Die ganze Zeit mit Ivan gevögelt. Das deprimierte mich ein bißchen. Überhaupt war ich seit ungefähr fünf, sechs Jahren generell deprimiert. Dieser kleine

Dämpfer war natürlich etwas anderes. Keinesfalls der Hauptgrund. Aber es summiert sich. Ich war wieder an die Uni gegangen und hängte mich rein, wenn auch ohne großen Erfolg. Ich war ohne größere Pläne wieder hin. Ich hatte versucht, mit einem Kumpel von mir zusammenzuwohnen, aber das hatte nicht geklappt, ich konnte mein Verlangen, mich zu verkriechen, zu verstecken, nicht unterdrücken. In die Wohnung war ich gezogen, als der alte Knacker, der hier gewohnt hatte, starb. Zwanzig Jahre lang hatte er hier kettenrauchend gehaust. Er war ein pensionierter Matheprofessor gewesen, ein Einsiedler, der seine letzte Nachricht mit wackligem Bleistift auf einen Notizblock gekritzelt hatte: »Bin kurz weg – in ein paar Minuten zurück.« Und dann ging er gar nicht weg, sondern nahm eine Überdosis Pillen, legte sich ins Bett und starb. Eine Freundin von mir, die in der Wohnung gegenüber wohnte und bei ihm immer mal wieder nach dem Rechten sah, entdeckte die Leiche und rief die Polizei. Sie war ziemlich fertig, als sie mir die Wohnung am nächsten Tag zeigte. Wir fanden seine Nachricht und eine große halbleere Flasche Phenobarbital. Ein dünner dunkler Anzug klammerte sich an einen Kleiderbügel, als wollte er alte Knochen umhüllen. Nichts in der Kommode. Nichts zu essen in der Wohnung, nicht ein Krümel. Keine Kakerlaken. Sie hatten auch keinen Grund, hier zu sein. Er lebte von Zigaretten und Kaffee und Barbituraten.

Ich zog ein und schrubbte mit Formula 409 den Tabakrauchfilm von sämtlichen Holzteilen. Der Herd war eingestaubt, aber ansonsten sauber. Der Kühlschrank war leer bis auf ein zwei Monate altes Tütchen Magersahne, das am Rost klebte. Ich riß den alten fleckigen Universalteppichboden heraus und zog die Holzdielen ab, wobei wunderschöne helle Eiche zum Vorschein kam. Ich rieb sie mit Johnson's Wax ein, polierte sie mit einem Mietgerät und legte mich dann mitten auf die leere, glänzende Fläche aus schmalen Eichendielen hin, ein Auge am Boden, jede Diele wie eine goldene Spur, die sich eine schimmernde Startbahn entlang emporzog. Ich bestaunte das nahezu greifbare Gefühl des Neuanfangs, die Klarheit des Blicks, die Schlichtheit und Schönheit des weiten offenen Raums. Von da aus, wo ich lag, gingen die Fenster auf den offenen Himmel hinaus, eine riesengroße schützende Kuppel der Möglichkeiten. Ich war wieder an die Uni gegangen, um etwas aus meinem Leben zu machen, mir stand die Welt weit offen. Ich wollte mich konzentrieren und es schaffen. Doch binnen zwei Wochen waren die ganzen dummen Sachen wieder durchgekommen. Das Zuhausebleiben und das Seminareschwänzen, das Zum Fenster Hinaussehen auf Leute im Auto an der Ampel, auf Leute, die auf dem Gehweg vorbeigingen, auf Leute, die auf dem Gehweg stehenblieben, um sich zu unterhalten, auf Leute, die zu mir hochblickten und sahen, daß ich sie beobachtete, miteinander sprachen und wieder zu mir hochschauten, während ich dastand und zu ihnen hinabsah. Fremde.

Ich stellte mir vor, daß der alte Professor, als er etwa in meinem Alter war, wahrscheinlich ein ziemlich gutes Leben hatte, und das machte mir Kummer. Ich wünschte, ich hätte sein Phenobarbital behalten, nur damit ich ruhig blieb. Ich hatte nie auch nur den kleinsten Hang zum Selbstmord. Ich glaube immer, wenn ich es nur abwarten kann, dann ändert sich alles. Ich fragte mich, wie lange es dem alten Professor so gegangen war.

»Was ist denn nun, Jack?« sagte Ivan. »Gehen wir?«

Ich überlegte und sagte: »Ja.«

»Reg dich doch nicht so auf«, sagte er.

»Mir sind bloß gerade ein paar Sachen durch den Kopf gegangen.«

»Dazu bist du nicht in der Verfassung«, sagte er. Ich mußte lachen, ein bißchen jedenfalls. Ich nahm meine Taschen auf, und wir gingen nach unten. Es war so ein typischer kalter und windiger Nieseltag, und wir rannten über den Hof. Ivans Pick-up hatte einen Campingaufbau auf der Pritsche, und da warf ich meine Sachen rein, neben seinen jungen Retriever Mary, der mit eingezogenem Kopf dastand und mit dem Schwanz wedelte. Zur Kabine hin gab es ein Schiebefenster, und während wir uns hinsetzten und anschnallten, steckte Mary den Kopf hindurch und ließ es von der Zunge auf den Sitz zwischen uns tropfen.

Ich sagte: »Dann kriegst du also Mary?«

»Na klar«, sagte Ivan. »Das ist doch ein alter Trick. Sie lassen einem den ganzen Krempel da, sogar die Tiere, und die kriegst du dann nicht los oder willst es auch nicht, und dann hockst du mit dem ganzen Scheiß da, der dich daran erinnert, wie du alles versaut hast, und diese Hunde oder Katzen oder krächzenden Sittiche oder so erinnern dich an alles, was ihr zusammen gemacht habt, wenn sie also weg sind, dann haben sie sich total von allem losgelöst, alle Brücken abgebrochen, reiner Tisch. Du hast den ganzen Kram. Und wenn du sie dann wiedersiehst, haben sie abgenommen und sich die Haare kurz schneiden lassen, und es geht ihnen ganz toll, der Zahnstein ist weg, sie kauen nicht mehr ihre Nägel. Sie haben die Seele einer Lerche. Dir wird klar, daß es ihnen bei dir die ganze Zeit beschissen ging.«

Ivan reichte mir einen kleinen Joint, den er zuvor gedreht hatte. Ich zündete ihn an, goß mir einen Becher Kaffee aus seiner schweren grünen Thermoskanne ein, dann setzten wir zurück, rollten an dem dicken Bambusstrauch vorbei, der neben dem alten viktorianischen Apartmenthaus aufschoß und dessen scharfblättrige Spitzen im Wind wogten. Sie reichten bis zum Dachvorsprung hoch, und ihre Blätter streiften gegen meinen Balkon. Die Drosseln und Stare, die sich aus diesem schützenden Dickicht herausgewagt hatten, kehrten schon in Dreier- und Viererstaffeln zurück. Als wir vom Boulevard auf den Highway abbogen, kurbelte ich mein Fenster herunter und ließ einen Schrei los, wie ein Kind. Ivan sah zu mir herüber und lachte. Wir wußten, diese Tage der Einsamkeit würden gut werden.

Wir waren noch immer unter der nebligen Kaltfront, als wir über den Weidenrost auf die Farm fuhren, und wir luden eilig unsere Sachen ab, brachten sie ins Haus und machten ein Feuer, um die Kälte aus dem Zimmer zu vertreiben. Ich legte die Hände auf die alten Gipswände. Sie waren so kalt, wie es die Scheiben des Pickups unterwegs gewesen waren.

Nach einer kurzen Weile war das große Zimmer trockener und wärmer. Wir tranken eine Tasse dicken Zichorienkaffee und standen vor dem Feuer, zogen dann Jacke und Stiefel an, holten die Gewehre, lockten die junge Mary vom Teppich vor dem Kamin weg – sie wollte nicht aufstehen, blieb mit dem Kinn flach auf dem Teppich und blickte mit ihren großen braunen Augen zu uns hoch in der Hoffnung, wir ließen sie in Ruhe – und gingen hinaus, um den Zaun abzuwandern.

Es hat etwas Schönes, durch nasse Felder in einem steten, alles einnebelnden Regen einen Zaun abzuwandern, wenn man gut eingepackt ist. Die Welt erreicht ihre Sättigung, die Luft ist gleichmäßig kühl und naß. Sie legt sich um einen wie schwere Kleidung und wirkt nah und irgendwie belebend. Wahrscheinlich hat es auf andere den entgegengesetzten Effekt, aber in mir berührt es etwas. Man stapft durch die matschigen Felder und wird davon ein wenig taub, und etwas in einem läßt ein bißchen los. Es gibt nichts Vergleichbares. Auch im Kalten und Trockenen läßt sich gut wandern, aber das ist nicht dasselbe. Im Regen wandern löst das Schlechte in einem. Es geht einem gut, das Herz ist groß genug für jedes Leid. Man wandert, schreitet dahin und fühlt sich stark. Der Hund trabt hierhin und dorthin, ziellos, schnüffelt herum, stößt auf Ketten nasser Rebhühner, macht dann die verrücktesten Sätze, wenn sie an ihm vorbeibrechen. Keiner nimmt es zu genau. Ab und zu schießt man auf einen Vogel, erlegt ein paar, gerade genug, um den Reis zum Abendessen interessant zu machen. Keine fette Beute. Keine Last. Kein Verlangen nach mehr, als man braucht. Es ist ebenso Spaziergang wie Jagd. Wir redeten nicht über die Frauen. Wir sagten kaum etwas.

Wir wanderten die ganzen zehn Hektar ab. Die Bäume, die die Weiden am anderen Ende begrenzten, wirkten in dem grauen Nebel eher wie die Geister von Bäumen. Den Zaun entlang und neben dem Bach hatten wir ein paar Wachteln erlegt. Weit drüben bei den Heuballen am Nordhang stöberten wir Vögel auf, die dann in ein niedriges, dichtes Wäldchen aus unterschiedlichen Harthölzern flogen. Wir verteilten uns und gingen durch das Wäldchen, schossen, wenn die Vögel aufflogen, einen hier, zwei da, daneben. Die knorrigen Zweige entlang, die sich aus den kurzen dicken Stämmen herausdrehten, waren noch Blätter, schwarz und naß. Die Vögel flatterten in kurzen, unvermittelten Flügen weiter, blieben immer knapp außerhalb unserer Schußweite. Am anderen Ende des Wäldchens machten wir halt und rauchten eine.

Wir standen da und rauchten, ohne zu reden, und dann blickte Ivan mich an und nickte zu etwas auf dem

Boden ein, zwei Meter vor uns hin. Es war ein Kaninchen, ein junges Karnickel, das völlig reglos dasaß. Doch als wir es sahen, sah es auch die junge Mary, und sie sprang los.

Das Kaninchen schoß vom Waldrand davon in die angrenzende Weide. Instinktiv schossen wir, trafen es ins Bein, gerade als es über eine kleine Erhebung sprang, und dann sauste Mary hinterher und verschwand. Wir hörten einen kleinen hohen Schrei und dann ein knirschendes Geräusch, das in der nassen kühlen Luft mit verblüffender Klarheit zu hören war. Es war ein schreckliches Geräusch. Mary kam über die Erhebung zurückgetrabt, das Kaninchen hing schlaff herab, der Kopf in ihrem Maul. Der Hund stieg durch den Zaun, setzte sich ein Stück vor uns ins Gras und begann, das Fell des Kaninchens zu lecken.

»Mensch«, sagte Ivan. »Das ist ja noch ganz klein. Das ist ja noch nicht mal ein Kaninchen. Das ist ein *Häschen.*«

Auch mir tat es ziemlich leid, daß wir es geschossen hatten. Mary schleuderte das Kaninchen nun in die Luft. Ivan schüttelte den Kopf.

»He«, sagte er zu Mary. »He!« Er nahm ihr das Kaninchen weg, und sie sprang in die Luft und schnappte danach, wollte spielen.

»Laß das«, sagte Ivan. »Sitz.« Sie sah ihn an, den Kopf schräg. »Sitz!« Sie setzte sich und blickte weg, auf das Feld hinaus, wo sie das Kaninchen eingeholt hatte.

Ivan steckte das Kaninchen in seine Jackentasche, und

wir gingen zum Haus zurück. Mary beschnüffelte Ivans Jacke und betatschte ihn hinten an den Beinen. Wir stöberten unterwegs ein paar Vögel auf, schossen aber nicht. Am Haus angelangt, folgten wir dem Kiesweg nach hinten und gingen zu der Brücke, die über den Bach führte. Wir zogen die fünf Vögel und das Kaninchen heraus und legten sie auf die Balken des Brückengeländers, hielten Mary mit den Armen davon fern. Sie schob die Schnauze unter Ivans Achselhöhle hindurch und verharrte so einen Augenblick mit zuckender Nase.

»Was machen wir denn mit dem Kaninchen?« sagte ich.

»Na, wir weiden es aus«, sagte Ivan. »Und essen es eben. Wir essen unseren kleinen Kaninchenbruder eben.«

»Ich möchte es eigentlich nicht ausweiden«, sagte ich.

Ivan gab mir die Vögel und meinte, er werde das Kaninchen ausweiden. Ich weidete also die Vögel aus, warf die Federn und Eingeweide und die Köpfe ins Wasser und sah ihnen nach, wie sie mit der Strömung abtrieben. Ivan schmiß die Innereien des Kaninchens ebenfalls in den Bach, damit Mary nicht auf den Geschmack kam. Er steckte das Fell an einen hohen abgebrochenen Zweig, und Mary setzte sich darunter und blickte hoch, unsicher, ob sie hochspringen sollte oder nicht. Ruhelos stand sie auf und setzte sich, stand auf und setzte sich. Ivan trat hinter mich und schob mir etwas in die Gesäßtasche. Es war einer der Läufe des Kaninchens. Ich zog ihn heraus und sah ihn an.

»Ganz schön gruselig«, sagte ich.

»Hat Pech gehabt, das Kaninchen«, sagte Ivan. »Es nimmt jetzt dein ganzes Pech auf sich.«

»Okay.« Ich steckte den Lauf in die Uhrentasche meiner Jeans.

Wir gingen hinein und zogen uns die Stiefel aus, legten die Kohlen auf den Rost und Holz dazu und schenkten uns einen kleinen Whiskey ein, während wir vor dem Feuer saßen und unsere Socken und Hosenbeine trocknen ließen. Wir tranken ein paar Bourbon pur. Dann gingen wir in die Küche, um ein Essen auf die Beine zu stellen. Ivan holte das Kaninchen aus dem Kühlschrank, und wir betrachteten es. Vielleicht lag es an den alten Anatomiekarten in der Schule, die die Muskeln zeigten, die elliptischen Sehnenbänder, die einander überlappen, symmetrisch verbunden sind. Ich konnte den Anblick nicht ertragen.

»Das sieht richtig menschlich aus«, sagte ich.

Ivan sah mich an, legte das Kaninchen dann auf die Arbeitsplatte und betrachtete es.

»Herrgott«, sagte er. »Du Arsch. Genug von dem Kaninchen.«

Er lachte. Wir lachten beide so heftig, daß wir unsere Gläser abstellen und uns an den Tresen lehnen und wieder zu Atem kommen mußten.

»Ich weiß nicht, wie man das zubereitet«, sagte er. »Wir tun es einfach übers Feuer. Da ist auch ein Spieß.«

Er ging mit dem Kaninchen ins Wohnzimmer, steckte den Spieß hindurch und legte dessen Enden auf das Gestell. Ich ging zurück in die Küche, um mir etwas für die Wachteln einfallen zu lassen. Bei Vögeln habe ich nicht solche Schwierigkeiten. Das kommt wahrscheinlich von den ganzen Gummiadlern aus dem Supermarkt. Konditionierung. Ich umwickelte die Wachteln mit Speck, legte sie auf eine Platte mit Reis und Pilzen und gehackten grünen Zwiebeln, schob sie in die Röhre und gab frische grüne Bohnen in den Dampfkochtopf. Ich würde sie später als letztes aufsetzen.

Wir tranken Whiskey und ließen unsere Socken trocknen, und alle paar Minuten stand einer von uns auf und drehte das Kaninchen. Nach einer Weile wurde es hell und dann braun. Mary lag auf dem Teppich und betrachtete es mit uns.

Schon bald war ich so entspannt wie seit über einem Jahr nicht mehr. Vor den hohen Fenstern, die nach hinten auf die Dämmerung hinausgingen, flogen große Vogelschwärme in einem schwankenden Strom über den Himmel. Ich erinnerte mich, wie die Rotdrosseln und die Stare sich morgens und abends in dem Bambusdickicht vor meinem Balkon versammelten. Ich habe dort im verebbenden Abend gesessen und sie beobachtet, wie sie zu zweien, dreien, vieren heranschossen und in dem Bambus verschwanden, bis das ganze Dickicht von Vögeln wimmelte, vom Bambuslaub verborgen, unsichtbare Vögel, wie sie lärmten wie tausend alte Türen, die auf rostigen, knarrenden Scharnieren schwangen. Morgens, wenn sie aufwachen, geht es wieder los, und sie brechen in Grüppchen aus dem Dickicht hervor. Das schafft ziemlich seltsame Träume.

Manchmal werden die Vögel im Morgengrauen so laut, daß sie mich wecken, dann liege ich da, umgeben von ihren seltsamen kakophonen Stimmen, und denke über die Große Scheiße nach und stelle mir vor, wie ihre kleinen Knopfaugen in dem Dschungelgrün herumschießen wie meine ganzen wunderlichen kleinen Dämonen. Ich hatte so jung geheiratet, ohne einen Schimmer, was das hieß, verlor dann meine Frau und meinen kleinen Sohn, da war ich gerade einundzwanzig, ließ sie mit einer Verzweiflung ziehen, die ich da noch nicht einmal ansatzweise begriff. Gewiß, ich liebte sie kein bißchen. Aber es war genauso, wie Ivan am Morgen unserer Abreise gewitzelt hatte: Sie ließ die Möbel zurück, das Besteck, die Töpfe und Pfannen, den Fernseher, die Bücher, die Teppiche, das Essen, das Auto, ihre Medikamente, ihre Duschhaube, Shampoo, Zahnbürste, Haarbürste, Stofftiersammlung, unwichtige Kleidung, alte Briefe und Postkarten, Bettzeug und Handtücher, billige gerahmte Drucke an den Wänden, Stereoanlage und alle Fotoalben bis auf das eine mit unserem kleinen Jungen. Und ihn nahm sie auch mit. Und während der nächsten Jahre hatten sich die Dinge in mir ausgeschaltet, gleichmäßig wie die Lichter in einer leeren Lagerhalle, wo ein Nachtwächter einen Schalter nach dem andern herunterdrückt. Ich zog umher, ging wieder an die Uni, zog bei einem Freund ein und wieder aus, in die leere Wohnung des alten Mannes. Bis ich in jenem Frühjahr schließlich eines Morgens wachlag, das kleine Schlafzimmer erfüllt von dem seltsamen und herrlich dissonanten Getriller der Drosseln, und nicht mehr wußte, was mir überhaupt noch wichtig war.

Ich sagte zu Ivan: »Hast du's mit Eve auch getrieben, während die ganzen Drosseln in dem Bambus waren?«

Er stocherte eine Weile im Feuer.

»Wie, wenn sie da ihren Krawall veranstalten? Das ist, wie wenn man mitten in einem Irrenhaus vögelt«, sagte er. »Hinterher weißt du nicht mehr, wo du bist.«

Ich sagte: »In meinem Bett.«

Er lachte.

Ich sagte: »Was macht ihr denn jetzt?«

Er sagte nichts und warf einen gespaltenen Scheit aufs Feuer.

»Ich weiß nicht«, sagte er dann. »Das wird in nächster Zeit nicht sehr lustig werden.«

»Ich glaube, ich könnte das nicht noch mal«, sagte ich. »Eine Scheidung durchmachen. Ich glaube, ich lasse mich nie mehr scheiden, jedenfalls nicht mit Kindern.«

»Dann heirate eben nicht wieder«, sagte Ivan.

»Wenigstens hast du keine Kinder.«

Wir ließen das Kaninchen über den Kohlen, während wir die Wachteln, den Reis und die Bohnen aßen. Es war still im Zimmer und warm. Ivan hielt ein Glas Wein hoch. Ich hielt meines hoch.

»Also«, sagte er, »die können uns alle mal, Jack. Weißt du?«

»Die können uns allesamt kreuzweise«, sagte ich und mußte den Mund zumachen und wegschauen. Ich stand auf und ging ins Wohnzimmer zum Kamin, nahm zwei Topflappen und hob den Spieß mit dem Kaninchen vom Gestell. Das dauerte ein bißchen. Ich trug ihn zurück ins Eßzimmer und legte ihn quer auf die Platte mit den Vögeln. In gegartem Zustand verstörte mich das Kaninchen nicht mehr so. Doch das Fleisch war zäh und schmeckte angegangen.

»Hätten wenigstens 'n bißchen Butter, Salz und Pfeffer drauf tun sollen«, sagte Ivan.

»Hätten wir es nur nicht geschossen«, sagte ich.

»Jetzt hör aber auf damit!« sagte Ivan. »Wir geben es Mary.«

»Gute Idee.«

»Mary hat es getötet. Sie hat ihm den Rest gegeben.«

»In aller Unschuld.«

»Genau. Es ist Marys Kaninchen.«

»Okay.«

Wir gaben es Mary. Sie lief damit zurück ins Wohnzimmer, legte sich vor den Kamin und begann, das Kaninchen unter den Vorderpfoten, fast behutsam zu fressen, schnüffelte und leckte daran, als wäre es ihr Junges und als fräße sie es in mütterlichem Staunen, beinahe liebevoll. Doch als sie anfing, auf den Knochen herumzukauen, schickten wir sie hinaus.

Am nächsten Tag standen wir spät auf, wanderten wieder die Felder ab. Am Abend vor unserer Abreise ging ich noch einmal allein los, um die Zäune an den Feldern hinterm Haus abzuwandern. Es wurde schon dunkel. Ich hatte die kleine Hasenpfote in der Tasche. Der Nieselregen hatte aufgehört, und alles war sehr still. Ich ging durch einen schmalen Korridor, aus einer Reihe junger Kiefern, die nah an einem Dickicht standen. Ich konnte in der voranschreitenden Dunkelheit kaum etwas sehen, schreckte aber aus einer der Kiefern eine einzelne Taube auf, und als sie den Korridor entlang vor dem dunkel werdenden Himmel davonflog, schoß ich. Ich hatte wohl zu tief gehalten und sie damit verwirrt, weil sie wie in einem unvermittelten Immelmann-Manöver wendete und den Korridor entlang direkt auf mich zuhielt. Ich legte an und schoß erneut, verfehlte sie aber wieder – ich vergaß, hoch zu zielen –, und sie jagte aus dem Korridor hinaus übers Feld.

Ich hörte den letzten Schuß über Feld um Feld hallen, und dann eine große Stille. Eine eigentümliche Ekstase sang in meinen Adern wie eine Droge. Ich hob das Gewehr und feuerte die letzte Patrone in die Luft, die Flamme aus dem Lauf vor dem dunkel werdenden Himmel, das Magazin offen, leer. Dann Stille. Nicht einmal ein Wind, der durch die Blätter strich. Kein einziger krächzender Laut von einer Drossel oder einem anderen Vogel. Ich wollte, daß der Augenblick für immer blieb.

BILL

Wilhelmina, siebenundachtzig Jahre, wohnte allein in derselben Stadt wie ihre beiden Kinder, doch sie sah sie selten. Ihr ständiger Gefährte war ein zitternder Pudel mit Namen Bill, den sie schon ungefähr fünfzehn Jahre hatte. Von Hunden mit Namen Bill hört man nie. Ihr Mann hatte ihn gekauft, als es mit ihm bergab ging, hatte ihn nach einem Jungen benannt, den er einmal im Ersten Weltkrieg gekannt hatte, und wollte dann nichts mehr mit ihm zu schaffen haben. Er war immer Wilhelminas Hund gewesen. Sie konnte mit Bill reden, wie sie sonst mit niemandem reden konnte, nicht einmal mit ihren eigenen Kindern.

Nicht einmal mit ihrem Mann, der nun im Altersheim King's Daughter's am alten Highway vor sich hin vegetierte.

Im blauen Dämmermorgen stand sie auf, um nach dem Hund zu sehen, dem es nicht gut ging. Sie hatte Angst, ganz allein zu sein.

Sie hatte ihre Kinder und deren Kinder und sogar ein

paar Urenkel, doch das tat für Wilhelmina nichts zur Sache. Sie waren alle in anderen Welten.

Sie fuhr mit ihrem makellosen ozeanblauen Delta 88 hinaus zum Heim und bog in die lange, öde Einfahrt ein. Die hohen nackten Stämme einiger alter Kiefern säumten den Weg, die dürren Wipfel fern wie Wolken. Wilhelmina fuhr auf den Parkplatz und stellte sich auf zwei Felder, damit sie genügend Platz zum Zurücksetzen hatte, wenn sie wieder ging. Sie hielt einen Augenblick inne, um sich im Rückspiegel zu mustern, und rückte den breitkrempigen Hut zurecht, den sie trug, um die dünner werdende Stelle oben auf ihrem Kopf zu verbergen.

Ihr Mann Howard lag aufgestützt und verdreht in seinem alten Veloursmorgenmantel da, den Mund offen, und sah fern. Seine dichten weißen Haare standen als verfilzter Knoten auf seinem Kopf wie bei einem Kind.

»Was?« sagte er, als sie hereinkam. »Was hast du gesagt?«

»Ich sagte ›Hallo!‹«, antwortete Wilhelmina, obwohl sie gar nichts gesagt hatte.

Sie setzte sich.

»Ich wollte dir von Bill erzählen, Howard. Er ist jetzt nahezu blind und kann nicht mehr richtig auf die Toilette gehen. Der Tierarzt meint, er hat Schmerzen und daß es nicht besser wird und ich ihn einschläfern lassen soll.«

Ihr Mann hatte Tränen in den Augen.

»Der arme Bill«, sagte er.

»Ja«, sagte Wilhelmina, und auch ihr stiegen sie nun hoch. »Ich werde ihn so vermissen.«

»Bei Belleau Wood war er so großartig! Er war ganz blutig und ist überall herumgelaufen«, sagte er. »An der Meuse-Argonne haben sie ihm die Nase weggeschossen.« Er nahm die Fernbedienung und hielt den Knopf gedrückt, so daß die Kanäle durchhämmerten wie das gedämpfte Rattern eines alten Maschinengewehrs.

Wilhelmina trocknete sich die Tränen mit einem Papiertaschentuch aus ihrer Handtasche ab und sah zu ihm hin.

»Ach, herrje«, sagte sie.

»Frühstück«, sagte ein Pfleger, ein schmaler, kupferfarbener Mann, dessen blauer Kittel an der Taille eng geschnitten und über den Hüften ausgestellt war wie eine Anzugjacke. Er stellte das Tablett ab und streckte die langen, zartgliedrigen Hände wie zur Prüfung aus.

Er wandte sich an Wilhelmina.

»Möchten Sie Ihren Mann füttern, Ma'am?«

»Du lieber Himmel, nein«, sagte Wilhelmina. Sie schreckte zurück, als hätte er vorgehabt, sie mit diesen Händen zu berühren.

Als der Pfleger ihrem Mann einen Löffel Haferbrei vor den Mund hielt, schnappte der mit seiner alten grauen Zunge danach, und schlürfte es hinunter.

»Oh, ganz ausgehungert heute«, sagte der Pfleger. Voll Entsetzen glaubte Wilhelmina einen Augenblick, sie verliere den Verstand und wäre aus Versehen ins

Zimmer dieses Fremden geraten. Sie griff nach ihrer Handtasche und schlüpfte hinaus auf den Gang.

»Ich gehe«, rief sie schwach und eilte hinaus zu ihrem Wagen, der auf der rissigen Fläche des Parkplatzes dastand wie eine alte, auf den Strand gesetzte Jacht. Der Motor stöhnte auf, sprang an, und sie glitt die lange Einfahrt hinab auf den Highway, ohne dem Verkehr die leiseste Beachtung zu schenken. Ein Wagen überholte sie laut hupend rechts, auf der Grasnarbe, und zu ihrer Linken spaltete ein riesiger Müllwagen die Luft wie ein Donnerschlag. Sie achtete nicht darauf.

Als sie nach Hause kam, blinkte das rote Licht an ihrem Anrufbeantworter, einem Geschenk ihres Sohnes. Er war es auch auf dem Band.

»Ich habe deine Nachricht wegen Bill erhalten, Mama. Wenn du willst, gehe ich morgen vormittag mit ihm zum Tierarzt. Ruf mich einfach an. Tschüß dann.«

»Nein, daran kann ich nicht denken«, sagte Wilhelmina.

Bill lag auf seinem mit Zedernspänen gefüllten Kissen in der Stube. Als er sie hörte, blickte er sich nach ihr um, die Nase in der Luft.

»Hier, Bill«, sagte Wilhelmina laut für die tauben Ohren des Hundes. Sie brachte ihm einen Hundekuchen, denn seine Zähne waren verblüffend gut. Er beschnüffelte den Hundekuchen, nahm ihn dann vorsichtig zwischen die Zähne, biß ein Stück ab und kaute.

»Braver Junge, braver Bill.«

Bill fraß den Hundekuchen nicht auf. Er legte den

Kopf auf das Kissen und atmete schwer. Gleich darauf stand er auf und machte sich stockend, taumelnd auf den Weg zu seiner Wasserschale in der Küche, schlug aber mit dem Kopf gegen den Türrahmen und fiel um.

»Ach, Bill, ich halte es nicht mehr aus«, sagte Wilhelmina und eilte zu ihm hin. Sie streichelte ihm den Kopf, bis er sich wieder beruhigte, zog ihn dann sanft zu seiner Schale, wo er schlabberte und schlabberte, bis sie sie nachfüllen mußte, so viel trank er. Er trank weiter.

»Die Nieren«, sagte Wilhelmina und nahm die Schale hoch. »Das reicht, mein Junge.«

Bill schnüffelte verwirrt nach der Wasserschüssel. Er versuchte, sich hinzuhocken, die Beine zitterten, er fing an zu jaulen. Wilhelmina trug ihn hinters Haus, setzte ihn ab und massierte ihm die Nieren, wie der Tierarzt es ihr gezeigt hatte, und schließlich lief Bill ein dünnes Rinnsal das linke Hinterbein hinab. Er versuchte, es zu heben.

»Braver Bill«, sagte sie. »Du versuchst es ja, nicht?«

Sie trug ihn wieder hinein und trocknete ihm das Bein mit ein paar Papiertüchern ab.

»Ich glaube, ich würde alles für dich tun, Bill«, sagte sie. Doch sie hatte einen Entschluß gefaßt. Sie nahm den Hörer ab und rief ihren Sohn an. Es klingelte viermal, dann antwortete die Stimme seiner Frau.

»Sie haben zwei-acht-eins ...«, begann sie.

»Das weiß ich«, brummelte Wilhelmina.

»... Wir können gerade nicht ans Telefon ...«

Wilhelmina fand eine solche Mitteilung ungehörig.

Wenn sie da waren, dann konnten sie auch ans Telefon gehen.

»... sprechen Sie nach dem Piep.«

»Komm mal morgen früh vorbei und hole Bill«, sagte Wilhelmina und legte auf.

Wilhelminas Mann war Metzger gewesen, und Katrina, die junge Witwe, die seinen Marktstand übernommen hatte, brachte noch immer jeden Samstag nachmittag Fleisch vorbei – Steaks, Braten, junge Hähnchen, Rindfleisch zum Kochen, Suppenknochen, ganze Schinken, Speck, Schweinekoteletts, Gehacktes. Einmal hatte sie sogar eine Lammkeule mitgebracht. Wilhelmina konnte das unmöglich alles essen, also lagerte sie das meiste in ihrer Tiefkühltruhe.

Sie ging auf die Veranda und holte so viel aus der Truhe, wie sie tragen konnte, kippte es wie eine Ladung Brennholz in die Spüle, nahm dann ihre Kochbücher aus dem Schrank und setzte sich an den Küchentisch. Sie suchte sich Rezepte heraus, die ihr immer zu schwierig erschienen waren, Gerichte, die irgendwie exotisch klangen, wählte sechs der interessantesten, die sie finden konnte, aus und schrieb sie auf einen Notizblock. Dann machte sie einen raschen Gang zum Lebensmittelladen, um die Sachen zu kaufen, die sie nicht vorrätig hatte, kaufte ausgefallene Gewürze wie Safran und Koriander und nicht einfach das übliche Gemüse, sondern Schalotten und leuchtendrote Paprika sowie eine Knoblauchknolle, so groß wie ihre Faust. Bill hatte immer Knoblauch gemocht.

Zu Hause breitete sie das ganze Fleisch auf der Arbeitsplatte aus, die Koteletts und Steaks und den Schinken, den Braten und den Speck, ein paar italienische Würste, die sie gefunden hatte, eine Blutwurst, die schon seit ewigen Zeiten dagelegen hatte, und sogar ein großes Fischfilet. Sie hackte die Paprika, die Schalotten, mahlte die Gewürze. Je mehr sie arbeitete, desto weniger dachte sie an die Rezepte, bis sie zu einem Wunder an kulinarischem Einfallsreichtum geworden war, Öle und Gewürze und Kräuter und Fleisch zu den schmackhaftesten Gerichten zusammengefügt hatte, die man sich nur denken konnte: Meister Williams' Lende Surprise, Schinken au Bill, Bills Lammkeule an Speckkastanien, Bills gegrillter Red Snapper mit Butter und Krabben, Blutwurst à la Bill, und eines nannte sie einfach Wurstkotelett. Sie befeuerte die Röhre, zündete jeden Ring am Herd an und kochte es alles, als wartete sie statt ihres französischen Pudels dem französischen König auf. Dann arrangierte sie die Gerichte auf ihrem besten Geschirr, schnitt das Fleisch in bißgerechte Stücke und servierte sie ihrem engsten Freund, ihrem Hund.

Sie begann damit am frühen Abend, ließ Bill so viel oder so wenig von jedem Gericht fressen, wie er wollte. »Das dürfte deine Sinne wecken, Bill.« Tatsächlich war Bills Interesse wachgekitzelt. Er fraß, ruhte sich aus, fraß ein bißchen mehr, von diesem, von jenem Gericht. Er wandte sich wieder der Lammkeule zu, knibbelte die Speckkastanien um sie herum ab. Wilhelmina drängte ihn immer wieder sanft, doch zu fressen. Und im Verlauf des Abends schienen Bills alte, vom grauen Star befallene Augen etwas wie stilles Leiden zu spiegeln – nicht seine üblichen Gebrechen, sondern das Luxusleiden des Schlemmers. Er wuchs über sich hinaus und hielt so tapfer durch, zwang sich zu fressen, bis er keinen Bissen mehr hinunterbrachte und sich vorsichtig neben die Reste seines Festmahls legte und einschlief.

Wilhelmina saß still auf einem Küchenstuhl und betrachtete ihn von ihrem Fenster aus, während die Sonne hinter den Bäumen aufstieg, rot und geschmolzen wie der aufgeblähte, sterbende Stern einer alten Welt. Sie war so müde, daß ihr Körper sich schwerelos anfühlte, als hätte ihr Geist ihn schon verlassen. Ihr war, als hätte sie nun schon so lange gelebt. Howard hatte in einem Pferdewagen um sie geworben. Eine ganze Welt von Seelen war während ihrer Zeit verschwunden, und andere namenlose Seelen waren an deren Stelle getreten. Eine von denen hatte Howards Seele übernommen.

Bill hatte sich im Schlaf auf die Seite gedreht, die Zunge schlaff auf dem Fußboden, sein armer Magen rund und straff wie eine Honigmelone. Eine solche Völlerei würde normalerweise teuer zu bezahlen sein. Doch Wilhelmina würde das nicht zulassen.

»Ich bringe dich selbst zum Arzt, alter Bill«, sagte sie.

Wie zur Antwort entwand sich Bills Kehle ein schwaches, ruhiges Traumheulen, so als riefe einer einem anderen im großen Wald zu, über leere Felder und tiefe, stille Gehölze hinweg. *Uuuuuuuu,* tönte es, hoch und leise. *Uuuuuuuu.*

Wilhelmina verdichtete sich das Herz vor Rührung. Ihre Stimme war davon tief und schwer.

Huuuuuu, rief sie leise in Bills schlafende Ohren.

Uuuuuuu, rief Bill wieder, ein wenig kräftiger, und sie antwortete: *Huuuuuu,* beider reine, wortlose Sprache wie Echos in der Morgenluft.

DIE TOTENWACHE

Die grauhaarige Hündin lag in der vergehenden Sonne in Sams Vorgarten auf der Seite, ihre schwarzen runzligen Zitzen neben ihr hingeworfen wie totgeborene Junge. Es war ein sonniger Spätoktobertag gewesen, doch nun kroch der kühle Abend den Himmelsrand entlang, und Sam sah, wie die Seiten der Hündin von ihrem mühsamen Atmen zitterten. Ihr dunkles Fell war von Räude fleckig, und die Augen sahen schlimm aus. Als Sam näher heranging, wurden sie zu Schlitzen, und ein leises Knurren kam aus der Kehle. Er konnte sie aus drei Meter Entfernung riechen: ein reifer, süßfauliger Geruch. Sam ging hinein und rief beim Hundefänger an.

Als der Wagen des Hundefängers in der Dämmerung langsam am Haus vorbeirollte, war der Hund verschwunden. Sam, frisch geduscht und eine Dose Miller Lite in der Hand, ging auf die Straße und sagte den beiden Männern in dem Wagen, wie der Hund aussah. Der Fahrer rückte die Mütze zurecht, spuckte aus dem

Fenster an Sam vorbei und meinte, wahrscheinlich habe er sich zum Sterben in den Wald verzogen. Er blickte auf die Dose Lite, nickte Sam zu und fuhr los. An der Stelle, wo der Hund gelegen hatte, sah Sam im Gras sich ringelnde Maden.

In jener Nacht wurde er von einem langgezogenen heulenden Stöhnen unter den Dielen geweckt. Eine verborgene, tiefe Einsamkeit schwoll in seiner Brust. Er trat auf die Veranda. Ein kräftiger Wind war aufgekommen, und einen Moment lang glaubte er, den Hund zu riechen. Bis auf die trockenen Blätter, die im Wind raschelten, war alles still.

Am nächsten Morgen, einem Samstag, ging Sam mit einer Schaufel hinters Haus. In der Wand vor dem Hohlraum unterm Haus, gleich bei der Hintertür, war ein großes Loch, wo manchmal Katzen hineingingen, um ihre Jungen zu werfen. Irgendwie lag es nahe, daß ein Hund zum Sterben da hineingehen würde. Sam fing an zu graben.

Er hörte vorn einen Lieferwagen vorfahren und steckte die Schaufel in den harten Lehm des flachen Lochs. Ein UPS-Mann stand hinter seinem Transporter auf der Straße und schrieb auf einem Klemmbrett, dessen Blatt im Wind flatterte.

»Sam Beamon?«

Sam nickte. »Was für mich?«

»Ja«, sagte der Mann, ein kleiner Schwarzer, dessen Bürstenkopf wie ein schräggestelltes Ei zur Spitze hochlief. Auf seinem Namensschild stand »Henry«.

»Unterschreiben Sie bitte hier auf der Linie.«

»Was ist es?«

»Steht nicht drauf.«

»Und es ist wirklich für mich?«

»Wenn Sie Sam Beamon sind.«

»Na schön«, sagte Sam. »Was soll's.«

Sam unterschrieb. Henry sprang in den Lieferwagen und packte eine Holzkiste, die ihm bis zum Gürtel reichte.

»Schwer«, sagte er und zog die Kiste zur Hebebühne. Er sprang hinunter, betätigte einen Chromkippschalter; es gab ein hohes mahlendes Geräusch, und die Bühne senkte sich mit der Kiste auf die Straße. Sam trat auf die Plattform und klopfte auf das Holz.

»Vielleicht könnte ich in der Kiste ja den Hund begraben, wenn ich wollte.« Er sah Henry an. »Wär ein bißchen würdelos, ohne Kiste begraben zu werden, finden Sie nicht? Unzivilisiert.«

»Weiß ich nicht«, sagte der Mann. »Für einen Hund.«

»Ist eigentlich gar nicht mein Hund«, sagte Sam. »Aber ich glaube, er ist hier gestorben. Unterm Haus.«

Henry zuckte die Schultern und sah auf die Kiste, wandte dann den Blick zu den Bäumen ab. Der Wind rüttelte sanft an den Blättern.

Er stemmte die Sackkarre nieder. Sam leitete ihn die Veranda hoch, durchs Wohnzimmer und in eine Ecke des Eßzimmers, das zwischen Wohnzimmer und Küche lag. Das Haus war ein altes Holzhaus mit knarrenden Böden, und die drei Zimmer lagen hintereinander in einer Reihe, die Schlafzimmer zur Rechten. Die Küche hatte eine Tür zum Garten hinaus.

Sam sah zu, wie Henry die Kiste von der Sackkarre schnallte und im Eßzimmer absetzte. Er überlegte, ob er Henry bitten sollte, sie doch lieber in die Garage zu schaffen. Aber das konnte er erst sagen, wenn er wußte, was drin war.

»Wo kommt die denn her?« sagte er.

Henry sah auf dem Lieferschein nach.

»New Orleans.«

»New Orleans?« sagte Sam. Wieder schaute er auf die Kiste.

Henry sagte: »Machen Sie sie jetzt auf?«

Sam sah ihn abwesend an.

»Hm? Ach, ich weiß nicht.«

»Na ja«, sagte Henry. »Ich muß los.« Er warf noch einen prüfenden Blick auf sein Klemmbrett und wickelte dann die losen Bänder um den Rahmen der Sackkarre. Er zog sie hinter sich her zur Tür und blickte zurück.

»Das ist nämlich eine ungewöhnliche Kiste«, sagte er.

Sam gab keine Antwort; er hatte nicht verstanden.

»Größer, meine ich«, sagte Henry. »So aus Holz, und schwer.«

Beide betrachteten sie wieder die Kiste.

»Na ja«, sagte Henry. »Schönen Tag noch.« Dann ging er hinaus und ließ die Haustür offen. Sam hörte die Sackkarre die Treppe hinunterklappern, hörte die Transportertür zugleiten, trat dann auf die Veranda und sah ihm nach. Er ging wieder hinein und stellte sich neben die Kiste. Er glaubte, den Hund unterm Haus riechen zu können, schwach, war sich dann aber doch nicht sicher, glaubte, er habe es sich vielleicht eingebildet. Wenn er ihn schon bis hier riechen konnte, dann würde es schlimm werden, ihn aus dem Hohlraum zu schaffen. Er sollte das Grab fertigschaufeln. Er hatte sich schon beinahe dazu entschlossen, als die Kiste sprach.

»Sam?«

Er spürte, wie seine Haut kalt wurde.

»Wer ist da?« sagte er.

Ein Lachen drang aus der Kiste.

»Sam«, sagte die Stimme. »Ich bin's, Marcia.«

»Marcia?«

Ein kleiner Stöpsel an der Seite der Kiste begann, sich herauszuruckeln, und fiel dann auf den Boden, rollte ein paar Zentimeter Richtung Wand. Sam kniete mißtrauisch nieder und ging mit einem Auge an das Loch. Ein braunes Auge starrte zu ihm heraus. Er roch Gardenien. Ihr Parfum. Er setzte sich auf den Boden. Der Anblick ihres Auges, so nah, der Gardenienduft. Er war erregt, kam sich dann lächerlich vor. So in seinem Eßzimmer zu sitzen mit einer Frau in einer Kiste.

»Ich weiß nicht, was ich sagen soll.« Er stand auf. »Vielleicht sollte ich dich da mal rausholen.«

»Ich kann mich selber rauslassen, Sam«, sagte Marcia. »Ich hab hier einen Riegel. Aber wenn's dir nichts ausmacht, würde ich vorerst ganz gern noch eine Weile hier drin bleiben. Ich möchte erst mal reden.

Das heißt«, sagte sie nach einer Pause, »bevor ich rauskomme und wir einander wiedersehen, möchte ich noch etwas bereden.«

»O Gott«, murmelte Sam.

»Abgesehen davon, daß du nie Briefe schreibst, warum hast du keinen von meinen beantwortet?«

»Warum?« sagte Sam. »Du bist weg. Du bist gegangen. Du bist nach New Orleans gegangen.«

»Das ist nicht der Punkt«, sagte Marcia.

»Das ist nicht der Punkt?«

»Nein«, sagte sie. »Ich hab versucht, es mit dir auf die Reihe zu kriegen, bevor ich gegangen bin, aber du warst so widerspenstig.«

»Interessante Wortwahl«, sagte Sam.

»Du warst doch derjenige, der nicht nachgeben wollte«, sagte Marcia. »Du wolltest dich nicht ein bißchen ändern. Es tut mir leid, aber widerspenstig ist das richtige Wort.«

»Ich finde, du solltest das Wort noch einmal nachschlagen«, sagte Sam.

Eine Pause entstand.

»Es stinkt mir, wenn du so bist, Sam.«

»Es stinkt mir, wenn du so verdammt selbstgerecht bist.«

»*Ich*?« Sie machte wieder eine Pause, und gleich darauf hörte er sie langsam und schwer atmen. »Also gut, Sam«, sagte sie. »Ich mußte einfach eine Weile weg, und das weißt du auch. Du hast es gewußt. Und wir wollten uns schreiben.«

Sam überlegte, wie er es sagen sollte, daß er ihr keinen Brief schreiben konnte, weil er es nicht ertragen konnte zu lesen, was er darin geschrieben hatte, und ihn nicht zu lesen, nachdem er ihn geschrieben hatte, dazu fehlte ihm der Mut, doch er sagte nichts, weil er wußte, wie Marcia darauf reagieren würde.

»Sam, ich dachte, das Alleinsein würde dir helfen, dir über unsere Beziehung ein bißchen mehr im klaren zu werden. Auch was dich betrifft. Und ich hab gedacht, vielleicht ein bißchen Abstand, ein paar Briefe schreiben, dann würden wir offener miteinander umgehen. Weißt du.«

»Was mich betrifft«, sagte Sam; er konnte sich nicht bremsen. »Natürlich.«

»O je«, sagte Marcia. »Das war ein Fehler. Du schaffst es wirklich, unser Wiedersehen kaputtzumachen.«

»Hör mal«, sagte Sam und hielt inne. Er wußte gar nicht recht, was er hatte sagen wollen. Dann lachte er.

»Was?« sagte sie.

»Weißt du«, sagte er, »eins möchte ich mal wissen. Warum hast du dich in einer Kiste hierher verfrachten lassen?«

»Warum nicht?« sagte sie. Er hörte die vertraute Ironie in ihrer Stimme, die ironische Resignation. »Ich hab mir gedacht, ein kleiner kreativer Schub, weißt du? Was Verrücktes. Ich hab gedacht, das könnte alles ein bißchen aufbrechen.«

»Tut mir leid«, sagte Sam und meinte es auch so. Einen Augenblick saßen sie da, ohne zu reden.

»Also«, sagte er dann. »Ich gehe jetzt mal eine Weile nach hinten.«

»Was machst du denn?«

»Na, ich glaube, der Hund ist letzte Nacht unterm Haus gestorben.«

»O je«, sagte Marcia. »Was für ein Hund?«

»Ich weiß auch nicht, ein fremder Hund«, sagte Sam. »Jedenfalls will ich ihn hinterm Haus begraben. Der Hundewagen war da, aber die sind wieder weg, und ich will denen das arme Vieh auch gar nicht mitgeben, weil ich gehört habe, daß sie die einfach irgendwo außerhalb der Stadt in einen Graben kippen. Wie auch immer, ich muß das Loch graben, den Hund rausholen und ihn da reintun. Und dann muß ich mit dem Essen anfangen. Heute abend kommen ein paar Leute. Und ich finde, wenn du gehen willst, dann wäre jetzt der passende Zeitpunkt. Wenn du aber bleiben willst, gut.« Er hielt einen Augenblick inne. »Tut mir leid. Das mit dem Streit, meine ich.«

Er ging zur Tür.

»Wer kommt denn?«

»Dick und Merle.«

»Ach Gott«, sagte Marcia. »Dick und Merle? Du verkehrst mit Dick und Merle?«

»Nein, ich ›verkehre‹ nicht mit denen«, sagte Sam. »Ich verkehre mit überhaupt niemandem. Mir war nur nach ein bißchen Gesellschaft.«

»Ach Gott, Sam«, sagte Marcia. »Dick und Merle. Meine Güte.«

Sam starrte auf die Kiste und hielt den Mund.

»Ich geh nach hinten«, sagte er und verließ das Zimmer.

»Sam«, hörte er sie aus der Kiste herausrufen. »Du mußt dich schon ein bißchen öffnen, Sam.«

Er ging durch die Küche in den Garten, wo er stehenblieb, um die Augen an die helle Sonne zu gewöhnen. Dann ging er zu dem flachen Loch und fing wieder an zu graben, machte es breiter und länger. Er arbeitete langsam, während seine Gedanken in tausend Richtungen schweiften. Die Erde häufte sich auf, und die Sonne sank in die Eichenblätter. Er versuchte, durch die Arbeit einen klaren Kopf zu bekommen. Die Blätter raschelten im Wind, und sie bewegten sich als dunkle Reliefs vor der Sonne. Er arbeitete den ganzen Nachmittag hindurch, formte die Seiten des Grabes so sorgfältig wie ein Archäologe. Schließlich stieg er aus dem Loch, klopfte mit dem Spaten die Erde von den Stiefeln. Sein Job bestand aus der lokalen Berichterstattung – Ratssitzungen und kleinstädtische Politintrigen, eine ständige vertrackte und triviale Scheiße. Was ihm Freude bereitete, war eine einfache Arbeit, wie ein Loch graben. Eine Arbeit, die die Mühe wert war, wie für einen obdachlosen streunenden Hund ein Grab schaufeln. Er ging zu dem Loch in der Wand, durch das der Hund verschwunden sein mußte, und schaute hinein.

Als er dort kniete, Kopf und Schultern unterm Haus, konnte er den Hundegestank riechen, und er horchte, ob er jemanden auf den knarrenden Dielen darüber herumgehen hörte. Doch in der klammen Leere waren nur Stille und der Gestank des Kadavers, dessen verschwommene Gestalt er reglos hinten bei einem Backsteinhaufen zu sehen glaubte. Er hatte jetzt aber nicht den Mut, da hinzukriechen. Er befand, daß das auch noch bis morgen Zeit hatte. Er würde den Hund an einem Sonntag begraben.

Am Abend ging Sam an die Tür und ließ seine Gäste herein, Dick und Merle Tingle. Merle schoß unter seinem Arm an ihm vorbei.

»Achtung, Achtung. Mach die Badezimmertür auf.« Sie bog um die Ecke, die Hände an einem Phantasielenkrad. »Was ist das?« rief sie, als sie an der Kiste im Eßzimmer vorbeikam. Dann hörten sie die Badezimmertür zuknallen.

Dick stand in der Tür und beugte sich zu Sam herab, legte Sam die Hand auf die Schulter und hielt Sam die Nase vors Gesicht.

»Hallo, Kumpel.«

Sam verlagerte das Gewicht, um Dick auszuhalten. Dick ließ die Hand sinken und schwang sich an Sam vorbei ins Wohnzimmer. Er zog eine Dose Pabst aus der Jackentasche, ließ die Öffnung knallen und leerte sie, wobei sein Adamsapfel auf und nieder hüpfte. Dann schwenkte er nach links und warf die leere Dose in hohem Bogen in den Abfallkorb in der Ecke.

»Zwei«, sagte er mit einem leisen Rülpsen. Er

lächelte Sam zu. Sam kannte Dick und Merle von der Redaktion, aber sie waren wohl okay. Dick war ein mittelmäßiger Sportreporter, der von den lokalen High-School-Spielen berichtete, und Merle stand für einen bestimmten Redakteurstypus, der mal ein gehirnamputierter Roboter war, dann wieder ein aggressiver, rechthaberischer Idiot. Doch nachdem Marcia gegangen war und es sich in der Redaktion herumgesprochen hatte, hatten sie ihn ein paarmal zu sich eingeladen, und er war ohne größere Ansprüche hingegangen. Er fand es nicht schwierig, sie um sich zu haben. Dicks ruhige Art, sämtliche Knochen tief in ihre Pfannen zu drücken, die Knöchel nach innen zu richten, das Rückgrat zu entspannen und den Hals scheinbar wie eine Schildkröte einzuziehen, wenn er mit Leuten redete, die kleiner als eins neunzig waren, mochte er inzwischen gern. Vielleicht kam diese Angewohnheit daher, daß er mit Merle verheiratet war, die winzig und laut war, aber auch so war Dick die meiste Zeit zusammengeknautscht, außer wenn er sehr betrunken war, dann machte er sich lang wie eine Kobra, schwankte umher und prahlte.

»Sieh mal, Dick.« Merle rief Dick ins Eßzimmer, wo sie stand und auf die Kiste blickte. Sam folgte ihm. Er stand im Wohnzimmer an der Tür und betrachtete sie von da aus. Als er vorher aus dem Garten ins Haus gekommen war, hatte er zu der Kiste hereingesehen und Marcias Namen gerufen, aber nichts gehört. Statt nachzuhaken – eigentlich hatte er Angst, in die Kiste hineinzusehen –, hatte er geduscht und sich dann ans Kochen gemacht, und als er dann an der Kiste vorbeigegangen war, um Dick und Merle die Tür aufzumachen, konnte er sie fast schon ignorieren. Bei Merle war das nicht der Fall.

»Kommt, wir schieben die Kiste an den Kamin und essen da«, sagte sie.

»Okay«, sagte Dick. Er und Merle stellten sich hinter die Kiste und schoben sie über den Holzfußboden ins Wohnzimmer. Merle richtete sich auf und blies sich prustend die Ponyfransen aus den Augen. Dick trat zu ihr hin und tätschelte ihr den Kopf.

»Dick kann auch Feuer machen«, sagte sie. »Sam, findest du nicht, das ist besser als im Eßzimmer?«

Sam nickte.

»Wie gefällt dir meine neue Jacke?« sagte Merle. Es war ein taillenlanges Jackett aus einer Art Pelz, dick und voller brauner, weißer und silberner Streifen. Sie wirbelte herum, zog die Jacke fest an sich und machte ein komisches Gesicht dabei. »Seh ich nicht aus wie ein Kaninchen?« Alle lachten.

»Halt, halt, okay«, sagte Merle und winkte ungeduldig, »jetzt, jetzt«, und zog die Schultern hoch, die Augenbrauen zusammen, und bleckte die Zähne. »Grr. Böser Wolf!« Dick und Merle lachten los, hielten sich aneinander fest, stießen gegen die Kiste. »Hoppla!« Sie trippelten zurück und griffen nach dem Kaminsims. Die Kiste schwankte und stellte sich wieder senkrecht.

»He!« sagte Merle, »was ist denn da drin? Ist ganz schön schwer. Hui! Hast du gesehen, wie wir die gestemmt haben?«

»Tja«, sagte Sam. »Wenn sie schwer ist, dann ist es womöglich Marcia.«

Dick und Merle blickten auf die Kiste, dann auf Sam.

»Marcia?« sagte Merle und sah wieder auf die Kiste. »In der Kiste da?«

»Ja«, sagte Sam.

»Ah, wir haben uns schon alle gefragt, wo du sie hingetan hast«, sagte Merle.

»Ha, ha«, lachte Dick, nickte, die Augen geschlossen.

»Im Ernst«, sagte Sam. »Sie hat sich selbst in dieser Kiste hier aus New Orleans versandt.« Er beugte sich hinab und spähte in das Stöpselloch. In dem verdunkelten Zimmer konnte er nicht hineinsehen, doch er konnte ihr Parfum riechen, das schwach wie eine Erinnerung aus dem Stöpselloch wehte.

»Marcia«, sagte er. »Bist du noch drin?«

»Ist das dein Ernst?« sagte Merle. Sie beugte sich zu dem Loch hinab.

»Marcia?«

»Hallo, Merle«, sagte Marcia.

Sam merkte, wie in ihm das Blut kurz vor Erleichterung rauschte.

»Ahh!« schrie Merle und richtete sich auf. Sie sah Sam an.

»Was tut sie da drin?«

»Wahrscheinlich ist sie noch nicht so weit, rauszukommen«, sagte Sam. Er zuckte die Achseln. »Wir haben uns gestritten.«

»Nehmt auf mich keine Rücksicht«, sagte Marcia mit jener Ironie, die Sam so vertraut war. »Eßt nur. Ich bleib noch ein bißchen hier drin. Ich hab keinen Hunger.«

»Komisch«, sagte Dick und wedelte mit der Hand vor dem Gesicht.

»Hm«, sagte Merle. Und nach einer Pause: »Na schön, dann essen wir eben.«

Sam hatte ein Hähnchen und Süßkartoffeln in den Ofen geschoben, Buttermöhren gedämpft, frische Zwiebeln geschmort und einen Spinatauflauf gemacht. Das alles trug er auf einem großen Korbtablett heraus und stellte es auf die Kiste. Es war kaum Platz für das Essen, also nahmen sie die Teller in die Hand. Dick hatte ein kleines Feuer im Kamin gemacht, und er und Merle aßen schnell. Sam aß langsam, sah und hörte ihnen zu. Aus der Kiste kam kein Laut. Er befühlte das Holz an der Kaminseite, um sicherzugehen, daß es nicht zu heiß wurde. Beim Essen sprach keiner. Sie wichen gegenseitig ihren Blicken aus.

Er ging in die Küche, um noch eine Flasche Wein zu holen, und als er zurückkam, starrte Merle auf die Kiste, und Dick machte ein irritiertes Gesicht.

»Also«, sagte Merle. »Bleibt sie da drin, weil wir zum Essen da sind?«

»Halt dich da raus«, sagte Dick. Er starrte auf eine leere Stelle an der Wand.

Sam klopfte leicht auf die Kiste.

»Er kommuniziert mit der Frau in der Kiste«, sagte Merle.

»Marcia«, sagte Sam leise. »Ist alles in Ordnung?« Er neigte den Kopf an die Kiste. Nichts regte sich. Er glaubte, neben dem verfliegenden Duft ihres Parfums noch etwas anderes zu riechen, das sich damit vermischte. Eine kühle Brise wehte zum Fenster herein, und er blickte zu Dick und Merle hoch. Merle zog sich die Jacke enger um die Schultern und machte wieder ihr Kaninchengesicht. Dicks Feuer erlosch allmählich.

»Was riecht denn da so?« sagte Merle.

Dick schnüffelte und zog die Stirn in Falten.

»Ich riech's auch.«

»Was?« sagte Sam.

»Was Verfaultes«, sagte Dick.

»Ich glaube, das ist ein Hund«, sagte Sam. »Der ist unters Haus gekrochen und dort gestorben. Tut mir leid. Ich wollte ihn eigentlich heute rausholen, aber dann ist mir die Zeit knapp geworden.«

»Ein toter Hund?« sagte Merle. »Unterm Haus?« Sie blickte auf die Reste ihres Essens. Sam blickte auch hin. Der abgenagte Brustkorb des Huhns, die kalten, lehmartigen Süßkartoffelstücke, die eine glänzende orangene Möhre, das Restchen Spinat in der Ecke der Schüssel wie etwas, was eine Katze ausgespuckt hat.

»Widerlich«, sagte Merle.

Dick reckte sich.

»Soll ich dir den Hund da rausholen?«

»Nein«, sagte Sam. »Bleib einfach sitzen. Bin gleich wieder da.«

Er holte eine Duftkerze aus der Küche. Als er wieder ins Wohnzimmer kam, starrten Merle und Dick auf die Kiste.

»Einmal habe ich Dick verlassen, der ist fast gestorben«, sagte Merle. »Hat bloß rumgelegen und wollte weder zur Arbeit noch essen.«

»Ach, Sam würde das nicht machen«, erscholl Marcias Stimme aus der Kiste. »Sam würde einfach so weitermachen. Er würde so tun, als wär nichts gewesen. Und bald schon wäre es dann auch so. Sein ganzes Leben wäre dann eine große Leere, weil er sich nie auf etwas eingelassen hat.«

»Vielleicht bist du jetzt ein bißchen hart zu ihm«, sagte Dick.

»Woher willst du das wissen?« sagte Marcia.

»Warum bist du nicht einfach mit dem Bus gekommen?« sagte Merle. Sie setzte sich gerade hin und legte Arme und Beine übereinander.

Dick blickte weg zur Wand. Sam blickte hinab auf die Spitze des Pumps, der an Merles dünnem, wippendem Bein wie der Schnabel eines Nestlings aussah. Dick trug große abgewetzte Schuhe mit hochgebogenen Spitzen und dünne blaue Socken, die sich um seine blassen Knöchel bauschten. Sam hatte die Cowboystiefel an, die er sich gekauft hatte, nachdem Marcia abgehauen war. Sie sahen genauso billig aus, wie sie gewesen waren.

Dick reckte sich und schnupperte. Er räusperte sich. »Ich glaube, ich kann den Hund riechen.«

»Warum schaffst du den Hund dann nicht weg«, sagte Merle. »Vorhin hast du noch gesagt: ›Ich hol den verdammten Hund da raus.‹«

»Das habe ich nicht gesagt.« Er sah sie böse an.

»Er stinkt«, sagte Merle. Sie sah erst Sam, dann Dick finster an.

»Er wollte nicht, daß ich einen Hund für uns anschaffe«, sagte Marcia. »Nicht einmal die Verantwortung, einen Hund zu besitzen, wollte er.« Sam hörte die Bewegtheit in ihrer Stimme und löste sich in stummem Protest und Zorn fast selbst in Tränen auf.

»Da hat er nun diesen toten Scheißhund unterm Haus«, sagte Marcia mit bebender Stimme. »O ja, um diesen blöden toten Hund, um den kann er sich kümmern. Das ist ja auch ganz sicher. Da hat er nur die einfachste Verantwortung. Nämlich, ihn zu begraben.«

»Herrgott, Sam«, sagte Merle. »Warum läßt du sie denn nicht aus der Kiste? Was geht hier überhaupt vor, verdammt?«

»Ich hab sie da nicht rein getan«, sagte Sam, ziemlich laut. »Die kann sich aus ihrer Scheißkiste selber rauslassen.«

»Nun mal sachte, Junge«, sagte Dick und reckte sich. »Ganz ruhig jetzt.«

Sam wollte schon auf Dick losgehen, bremste sich dann aber, atmete tief durch und ließ sich wieder auf seinen Stuhl fallen.

»Dann laß ich sie eben aus der Kiste raus, Herrgott noch mal«, sagte Merle. »Dick, hol mal einen Hammer oder so was.«

»Ich will aber nicht raus«, sagte Marcia. »Verdammt.« Sie weinte jetzt. »Bin ich ein Idiot. So ein Vollidiot.«

»Ich will das nicht hören!« sagte Merle. »Fang mir um Himmels willen nicht damit an.«

»Sollen wir nicht nach dem Hund sehen?« sagte Dick zu Sam.

»Ach, Scheiße«, murmelte Sam vor sich hin. »Hört mal, am besten, ihr geht jetzt nach Haus, ja? Tut mir leid. Ich mach das hier schon.«

Dick zog ein beleidigtes Gesicht. Merle stand auf und fegte brüsk an Sam vorbei nach hinten.

»Was hast du vor?« sagte Sam. Er folgte ihr nach hinten in die Küche, wo sie sich daranmachte, die Schrankschubladen zu durchwühlen.

»Falls du einen Hammer suchst, der ist in der untersten Schublade links«, sagte Sam, »aber ich glaube, sie hat sich da eingeschlossen.« Merle warf ihm einen kurzen finsteren Blick zu und zog die Schublade auf.

»Du könntest uns wenigstens helfen, sie da rauszuholen«, brummelte sie.

»Merle, ich sage dir, laß einfach die Finger davon«, sagte Sam. »Die kommt schon aus ihrer Kiste, wenn sie soweit ist, laß das jetzt bitte, verdammt.«

Merle richtete sich von der Schublade auf und stampfte in einem Wutanfall mit den Füßen auf, wobei sie mit verzerrtem Gesicht und mit den Fäusten in der

Küchenluft umherfuchtelnd einen Schwall verstümmelter Flüche ausstieß.

»*Ahhhh*!« schrie sie. »Sag mir nicht, was ich zu tun habe!«

Sie griff in die Schublade, holte den Hammer heraus und wirbelte an ihm vorbei Richtung Wohnzimmer. Sam holte seine Taschenlampe aus der offenen Schublade und ging hinaus.

Das Licht der Sterne fiel sanft auf den Erdhügel neben dem vollkommenen Grab, das er am Nachmittag ausgehoben hatte. Er stand einen Augenblick da, sog die klare Nachtluft ein, die von Süden herangeweht kam. Dann ging er um das Haus herum und blickte durchs Wohnzimmerfenster. Dick hantierte mit der Hammerklaue am Deckel der Kiste herum, während Merle daneben stand, die Hände in die Hüften gestemmt.

»Nun mach schon, Dick«, sagte sie.

Sam ging vom Fenster weg und wieder nach hinten. Er leuchtete mit der Taschenlampe auf das Loch zum Hohlraum und knipste sie aus. Während er sich durch das Loch zwängte, knipste er sie wieder an und richtete sie auf die Stelle unterm Wohnzimmer. Er sah die Hinterbeine. Der Gestank war schlimm. Er kroch weiter, nach rechts herum, das Licht zuckte im Dunkeln hin und her über die Backsteine und Bretter und die Erde. Er kam zum vorderen Ende der Hündin herum, hockte sich hin und leuchtete ihr Gesicht an.

Ihre Augen bohrten sich grimmig in den Strahl, die

schwarzen Lippen vor den Zähnen gekräuselt. Sams Herz machte einen Sprung und raste in seiner Brust.

Sie regte sich nicht.

»Ah«, flüsterte er, und seine Augen wurden naß, »du Ärmste.« Er knipste das Licht aus und legte sich im Dunkeln neben sie. Über ihm schlurften die Lebenden, knarrend und ungewiß.

GLEICHGESINNTE

Auf dem langen grünen Rasen, der zum See hinabführte, tollte Baileys Junge mit den beiden schokobraunen Labradoren Buddy und Junior. Wir sieben saßen auf Baileys Veranda, tranken Bourbon und sahen dem Jungen und seinen Hunden zu, teilweise wegen dem, was Bailey uns gerade über den jüngeren Hund, Buddys Nachkommen, ein fettes Vieh und ein Rabauke, erzählt hatte. Bailey hatte die Hündin für Buddy sorgfältig ausgesucht, doch die Verbindung hatte einen reinen Idioten hervorgebracht. Eine kleine genetische Unausgewogenheit, wie Bailey sagte, bei solchen beliebten Rassen kaum zu vermeiden.

Wenn man Junior beobachtete, sah man gleich, daß dieser Hund aggressiv und dumm war. Ein dreistes, trampeliges Tier ohne Feuer in den Augen, das sich da auf Buddys Rücken hievte, gegen den Jungen prallte und ihn zu Boden stieß. Der Junge ist etwa zehn oder elf und heißt Ulysses, aber alle nennen ihn Lee (eine Art Scherz), ein Strich in der Landschaft, der wie seine

Mama eine Brille trägt. Er ließ es sich gefallen, rollte sich im Gras umher und lachte wie ein Waldschrat, während Junior wie ein Wildschwein an ihm herumstieß.

»Ich hasse diesen Hund«, sagte Bailey. »Aber Lee will ihn unbedingt behalten.«

Die Zeitlupenbewegungen von Kumuli schrägten in weichen goldenen Spieren Licht auf Gras und See, was auf mich narkotisch wirkte. Mein Gewicht drückte in den Adirondack-Stuhl, als wäre ich von der Brust abwärts gelähmt. Bailey hatte das Anwesen als altmodisches Haus am See geplant, langgestreckt und flach, mit umlaufender, geländerbewehrter Veranda. Jack Mc Adams, an dem Tag auch da, hatte den Hang zum Wasser angelegt und dann Büffelgras um die Hartriegel, Judasbäume und eine dicke amerikanische Buche gepflanzt, deren glatter Stamm mit tumorösen Schnitzereien gezeichnet war. Drei Sykomoren und ein Amberbaum säumen das Ufer zum Wald hin. Die Wasserfläche war nur leicht bewegt, wie die alten Glasscheiben, die Bailey gekauft und in seine Fenster gesetzt hatte.

Russell nahm unsere Gläser und servierte uns auf einem silbernen Tablett geeiste Mint-Juleps. Der schweigsame Russell. Braun und gefurcht wie ein Cameroon-Tabakblatt, in schwarzer Hose und weißer Kellnerjacke. Er macht mich neugierig bis zur Befangenheit. Ich versuche, ihn nicht anzustarren, möchte sein Gesicht aber durch einen Einwegspiegel betrachten. Ich sehe Dinge darin, die da sein mögen oder auch nicht, und bin von einer Sache überzeugt, daß die Rolle des Dieners einzig die ist: Russell geht unter uns umher wie der Geist einer untergegangenen Kultur.

Bailey sagt, Russells Familie sei seit dem brasilianischen Exil, in das seine, Baileys, Familie im Anschluß an den Bürgerkrieg gegangen sei, immer dabei gewesen. Baileys Ururgroßvater war dorthin geflohen und hatte eine neue Plantage aus dem Regenwald herausgehackt. Zehn Jahre später war er dann mit neuem Vermögen und neuen Arbeitskräften zurückgekehrt, einer Bande wilder Amazonier, die er, mißgünstigen Nachbarn zufolge, wie Könige behandelte. Nur noch Russells kleiner Clan hat sich gehalten.

Ich blickte zu Russell hin und nickte ihm zu.

»Russell«, sagte ich.

Er sah mich einen ewigen Augenblick lang an und nickte dann mit seinem alten grauen Kopf.

»Yah«, sagte er, auf das sein ihm eigenes, kaum hörbares »Sah« folgte. Nachdem er Drinks an alle verteilt hatte, glitt er wieder ins Haus.

»Russell macht den besten gottverfluchten Mint-Julep auf der ganzen Welt«, sagte Bailey, seine leise Stimme grummlig an dem stillen Spätsommernachmittag, die ersten feinen Spuren Herbst in der Luft.

Ich sah unten am Wäldchen, das zum Bootshaus führte, zwei weitere Männer in genau der Farbe Russells an der Grillgrube hantieren. Russells Jungen. Sie hätten die ganze Nacht die Kohlen unterm Fleisch gehabt, sagte Russell, und nun könnten wir sehen, wie sie das gedörrte, geräucherte Schweinefleisch in galvanisierte Tröge abschälten. Hinter ihnen, gelegentlich aufschimmernd als verwischte Schatten zwischen den Stämmen und Gliedern und Blättern niedrig wachsender Harthölzer, waren Baileys eingepferchte und preisgegebene Wildschweine, verschnitten und genießbar werdend in der Luft am See. Er hatte vor, sich einen Fleischbestand für den Winter aufzubauen, das Ergebnis mehrerer Jagdausflüge in die nördlichen Sümpfe Floridas mit Skeet Bagwell und Titus Smith, die neben mir an Baileys Seite saßen. Es erschien mir als ungewöhnlicher Sport, streitbare Schweine zu fangen und zu kastrieren und sie einzupferchen, bis ihr Fleisch durch erzwungene Domestizierung genießbar geworden war, und ihnen dann die Kehle durchzuschneiden. Russells Jungen deckten die rechteckige Barbecue-Grube teilweise mit Dachblech ab und trugen die Tröge mit dem Fleisch ums Haus herum zur Küche. Auf der Veranda tranken wir unsere Mint-Juleps – McAdams, Bill Burton, Hoyt Williams, Titus, Skeet, Bailey und ich –, in einer kurzen geschwungenen Linie in Baileys nagelneuen Adirondack-Stühlen aufgereiht. Russell kam mit weiteren Mint-Juleps heraus, nickte und glitt davon.

»Auf die Liebe«, sagte Bailey und hob seinen Silberbecher. Er lächelte, als würde er einem gleich etwas tun. Womöglich sich selbst. Ein maliziöses Lächeln. Jetzt fängt er wieder damit an, sagte ich zu mir, ich will sie nicht hören. Ich wollte seine Geschichte ebensowenig hören wie seinen Fall übernehmen. Am Tag zuvor hatte er angerufen und mich zu dem Barbecue mit diesen Männern eingeladen, seinen besten Freunden, und gesagt, ich solle ihn »in dieser Sache mit Maryella« vertreten. Bailey, hatte ich gesagt, mit Scheidungen hatte ich noch nie zu tun und habe auch nicht vor, das zu ändern – so kriminell manche Fälle auch sein mögen. Ich schlug ihm vor, Larry Weeks anzurufen, der einige Scheidungsfälle in dieser Stadt schon sehr gut hingekriegt hat. Nein, sagte Bailey, komm du mal, komm. Wir reden darüber. Da vermutete ich noch, er habe es gewollt, weil wir einander seit der ersten Klasse kennen, wenn auch wie Leute, deren Leben parallel verlaufen, ohne sich je richtig zu berühren.

Da waren wir also. Frauen waren anscheinend keine da, keine der Frauen dieser Männer. Zunehmend verspürte ich einen vertrauten Schmerz im Herzen, als füllte es sich mit Flüssigkeit, und mir war, als müßte ich ans Atmen denken, um zu atmen. Schon das Wenige, was ich zu der Zeit von Baileys Problem wußte, zwang mich, an Orte zu gehen, wo ich nicht hin wollte. Dann hat seine Frau ihn also wegen seines Partners verlassen, dachte ich – na und? Ist ja was ganz Neues. Von diesem Schmerz wissen wir alle etwas, in dem einen oder anderen Maße.

Vor zehn Jahren verteidigte ich einen Mann, der angeklagt war, seinen Bruder von einer berühmten Felsnase in den Smoky Mountains gestoßen zu haben, um an dessen Erbteil heranzukommen, das aus irgendwelchen Gründen auf einen viel höheren Prozentsatz als das seine festgesetzt war. Es war ein seltsamer Fall. An dem Aussichtspunkt, wo damals noch ein einfaches Geländer Besucher daran hinderte, in einem Schwindelanfall die zerklüftete Felswand hinabzustürzen, waren noch mehrere andere Menschen gewesen. Mein Klient hatte die Hand auf dem Kreuz seines Bruders liegen, während sie sich über das Geländer beugten, um hinabzublicken, als der Bruder – wie ein junger Vogel, der aus dem Nest fällt, wie ein Zeuge sagte – über den Rand stürzte und verschwand.

Man betrachtete es als Unfall, bis die Cousine meines Klienten, die ihn nie hatte leiden können und ihm nie getraut hatte, die sogar behauptete, er habe sie einmal an den Handgelenken vom Baumhaus hinter dem Anwesen ihrer Großmutter herabhängen lassen, bis sie einwilligte, ihm ihren Anteil des gemeinsamen Bazooka-Kaugummischatzes zu geben, sich einen Privatdetektiv nahm, der genügend Zeugen die Saat des Zweifels einzupflanzen vermochte, um den Fall vor ein Geschworenengericht in Knoxville zu bringen. Unglaublicherweise wurde der Mann wegen Mordes angeklagt. Das fand ich so empörend, daß ich, als er anrief, seinen Fall sofort übernahm, auch wenn das bedeutete, daß ich über die Staatsgrenze hin und her fahren mußte, was mich viel Zeit kostete.

Der Mann gefiel mir. Während er und ich uns auf den Fall vorbereiteten, gingen meine Frau Dorothy und ich einige Male mit ihm abends essen und nahmen ihn sogar zweimal übers Wochenende in das alte Häuschen meiner Familie an der Golfküste mit. Er und Dorothy verstanden sich gut. Beide liebten sie klassische Musik (Dorothy hatte an der Universität Klavier studiert, bis sie die Hoffnung aufs Komponieren begrub und zu Musikgeschichte wechselte), und er spielte passabel Klavier. Sie sprachen über die üblichen Persönlichkeiten, Schubert, Brahms, Mozart usw., sowie Namen, von denen ich nie gehört hatte. Sie saßen am Klavier, um sich mit einem bestimmten Satz zu befassen. Sie zogen sich ins Studierzimmer zurück, um alte Platten zu hören, die Doro mit in unsere Ehe gebracht hatte, die aber während der Jahre, in denen ich meine Praxis aufbaute, Staub angesetzt hatten, da ich nie die Energie aufgebracht hatte, sie mit ihr anzuhören, wenn ich gegen Mitternacht mit einer Mappe voller Arbeit für den nächsten Morgen endlich nach Hause kam. Oft wachte ich um ein oder zwei Uhr morgens auf, die Krawatte um den Hals verdreht und festgezurrt, den Rest eines Scotch mit Wasser im Glas auf dem Schoß, während die Nadel der Stereoanlage am Etikett einer Aufnahme kratzte und schon längst keine Klänge von Sibelius mehr aus ihren Rillen abgab. Im Schlafzimmer lag dann Doro unter der Decke, die Arme über das Kissen geworfen, das ihren Kopf bedeckte, wie es ihre Art zu schlafen war, als versuchte sie, sich zu ersticken.

Heute kann ich zurückblicken und erkennen, was war. Ich war ihr nachgelaufen, als sie dergleichen nicht unbedingt wollte. Das juristische Institut lag nur zwei

Straßen entfernt vom Musikinstitut, und ich schlenderte den Boulevard entlang, hinein in die klingenden Säle der Studios bis zu dem Raum, in dem sie übte und komponierte. Ich stand dann vor der Tür, schaute hinein durch das schmale Fenster, kaum breiter als die Hälfte meines Gesichts, bis sie aufblickte, die dunklen Augen auf meine gerichtet, so offen wie die eines Tiers im Wald, wenn es merkt, daß man still dasteht und es betrachtet, und wenn es den Blick erwidert, um zu sehen, ob man etwas Lebendiges ist. Ich tat das nicht täglich, sondern nur, wenn ich zu aufgewühlt war, um am Tisch in der Jurabibliothek zu sitzen, und an das letzte Mal dachte, als wir zusammengewesen waren, und sie sehen mußte. Einmal, als sie aufsah, wußte ich, daß sie es nicht gewollt, aber aus irgendeinem Grund nicht anders gekonnt hatte, und als sie dann aufsah, wußte sie, daß es nun soweit war, daß sie mir gehörte. Es war der Augenblick, da man trotz mancher Bedenken von der Liebe gefangen wird und verloren ist.

Doch das Licht wird von größeren Kräften gebrochen, so auch irgendwann das Schicksal. Ich hätte nicht so leiden sollen, als sie nach dem Freispruch mit meinem Klienten wegging, aber natürlich tat ich es. Ein übergewichtiger Mann, der Speck ißt, viel trinkt, raucht und sich nie bewegt, macht sich ja auch auf einen Herzanfall gefaßt und ist dennoch überrascht, wenn er eintritt, und leidet dann gewiß. Ich hatte für den Fall alles gegeben, hatte gekämpft für den Mann. Die Arbeit war schließlich mein Leben geworden. Ich hatte die Cousine als bankrottes, durchtriebenes Miststück entlarvt, hatte aus dem Briefwechsel der Brüder vorgelesen, die voller gegenseitiger Zuneigung waren, und hatte mir eine teure Ölkopie in Originalgröße von Durands berühmtem Gemälde *Gleichgesinnte* beschafft, das den Maler Thomas Cole und den Dichter William Cullen Bryant auf einer Felsnase in den Catskills darstellt, einer nicht ganz so hohen Stelle wie die Szene des angeblichen Verbrechens meines Klienten, aber in seinem romantischen, klösterlichen Licht schöner, hatte es in den Gerichtssaal gebracht und gefragt, wie ein Bruder in einer solchen Umgebung und vor Zeugen, die keine drei Meter entfernt standen, etwas so *Unnatürliches* tun könnte wie sein eigen Fleisch und Blut in ein blutiges Ende zu stürzen. Es war ein brillanter Schachzug. Niemand kann sich das Gemälde ansehen, ohne zu sentimentalen Assoziationen bewegt zu werden. Rosenbaum, der Staatsanwalt, schäumte vor Wut, daß ich damit durchgekommen war. Mein Klient hatte auch ein edles Gesicht: die Nase gerade, die Augenbrauen kräftig, die Stirn hoch, Kiefer und Kinn kräftig, klare braune Augen, die von einem offenen Wesen kündeten. Doch am Ende, nachdem die Geschworenen sich nicht einigen konnten und nach den bitteren Worten des Richters, zogen er und Dorothy ausgerechnet nach Tennessee, wo er sich in der Versicherungsbranche selbständig machte. Und nun kommt denn wohl der Kern der Sache, das, was diese Geschichte erzählenswert macht.

Als sie drei Jahre später anfing, mich anzurufen, heimlich, und mir erklärte, was für ein kalter und berechnender Mann aus ihm geworden sei, erzählte sie mir, er habe ihr gegenüber, als er einmal betrunken gewesen sei, zugegeben, seinen Bruder tatsächlich von der Felsnase gestoßen zu haben, und er habe gesagt, daß ich allein einen Beweis dafür gehabt hätte, nämlich in einer Aussage, die er mir gegenüber gemacht und bei der er sich verplappert und das eine gesagt habe, was ihn verurteilt hätte, wäre es dem Staatsanwalt in die Hände geraten. Ich hörte die Geisterstimmen anderer, verstümmelter Gespräche durch unsere Leitung ziehen. Welches eine ist das? sagte ich. Das weiß ich nicht, sagte sie. Das wollte er mir nicht sagen. Es entstand eine Pause in der Leitung, und dann sagte sie: Du könntest es finden, Paul.

Doch ich habe nie mehr die Akte geöffnet, um nach den belastenden Worten zu suchen. Mehr noch, obwohl ich ein nahezu tonbandgleiches Gedächtnis bezüglich der Äußerungen von Menschen in Schwierigkeiten erworben habe, so habe ich doch jene kleine Nische in meinem Gehirn unberührt gelassen. Ich habe die Sache ebenso leicht umgangen, wie ich um einen gesicherten Kanalschacht in der Straße herumgehe. Ich habe meinen Klienten geschützt, wie jeder gute Anwalt es getan hätte. Das Leben ist weitergegangen.

Wir gingen hinab in das Wäldchen, vorbei an dem dünnen rauchenden Hitzevorhang am Rand der Barbecue-

Grube, dem zerbeulten Blech darüber, hoch zu der Umzäunung aus dickem Draht, die ungefähr einen halben Morgen Waldgebiet, das an die Bucht grenzte, umschloß. Hier gab es kein Gras, und das feuchte Laub bildete seinen Filz auf dem fetten, von Larven und Würmern umgegrabenen Erdreich. Durch das rechteckige Gitter der Umzäunung sahen wir kleine, wie von den Stahlblättern eines Pfluges aufgebrochene Erdtaschen, wo die Schweine gewühlt, und Schlitze und Rillen in Baumstämmen, wo sie ihre Hauer gewetzt hatten.

Ich sah zu Bailey hin, wie er das gestoßene Eis in seinem Glas herumschwenkte, die rechtschaffenen Kiefersehnen sich zu klumpigen Eisenbändern verhärteten. In ihm brodelte seine eigene rührselige Geschichte. Doch bevor er damit anfangen konnte, hörten wir ein Rascheln, gefolgt von einem leisen Grunzen, und ein Wildschwein kam aus dem Unterholz auf uns zu geschossen. Wir sprangen alle bis auf Bailey zurück, als das Schwein unmittelbar vor dem Draht zum Stillstand rutschte, seltsam zierliche Füße an zotteligen Beinen, grotesk dürr unter dem massigen Kopf. Seine breiten Schultern verjüngten sich entlang dem irokesenhaften Rückenkamm zu den Hüften eines Footballspielers und weiter zu einem albernen Pudelschwanz. Das Schwein stand da, den Kopf gesenkt, die Augen klein, schnaubte alle paar Atemzüge und beobachtete Bailey unter seinen dichten Brauen hervor. Bailey starrte zu dem Tier zurück, teilnahmslos, als hätte er durch dessen Auftauchen einen Moment lang seine innere Ruhe gefunden.

Und der Keiler stand noch stiller da, behielt Bailey im Blick.

Der Bann wurde durch das laute Scheppern einer Glocke gebrochen. Russell schlug die authentische Triangel, um uns zum Essen zu rufen. Das Schwein lief daraufhin von uns weg, gleichgültig, steifbeinig, als wäre es auf kleine behaarte Stelzen gesetzt.

Wir gingen zurück zur Veranda. Russell und einer der Männer, die sich um das Barbecue gekümmert hatten, kamen mit einem Bunsengestell und einem breiten Tablett mit schon in Soße schwimmendem Fleisch heraus, und eine Frau (zweifellos eine von Russells Töchtern oder Enkelinnen) kam heraus und stellte einen Stapel schwerer Teller, einen Haufen Weißbrot, einen Eisentopf voll Baked Beans auf dem Tisch ab, und wir standen alle auf, um uns zu bedienen. Als wir uns wieder setzten, machte Bill Burton, der vor allen anderen über sein Essen hergefallen war, ein Geräusch wie einer, der im Falsett singt, und blickte verblüfft auf.

»Mein Gott, ist das ein gutes Barbecue«, sagte er, den Mund voll Fleisch. Burton hatte einen Installationsbetrieb, er hatte in Baileys Haus die Installationen gelegt. Er sagte zu Skeet Bagwell: »Und du hast das Schwein geschossen?«

»Na ja«, sagte Skeet, »ich erzähl euch mal von dem Schwein.« Skeet ist Anwalt wie ich, doch wir haben nicht viel gemein. Er übernimmt nur selten einen Kriminalfall, der ist auf die großen Scheine aus, liebt die

Parteipolitik und den Country Club und Jagdausflüge und überhaupt die ganze Männerkumpanei, tätigt nie einen Anruf, den auch seine Sekretärin für ihn erledigen kann, und erzählt selbstredend für sein Leben gern dicke Lügengeschichten. Sein Spezi Titus hatte in den achtziger Jahren Einkaufszentren gebaut und arbeitet heute kaum noch etwas.

»Titus und ich haben das Schwein *gefangen*«, sagte Skeet, »unten in den Sümpfen Floridas. Stimmt's, Titus?«

»Gefangen würde ich nicht gerade sagen«, sagte Titus. »In gewisser Weise oder vielleicht vorübergehend haben wir das Schwein schon gefangen, aber dann haben wir es getötet. Könnte eine Spur angegangen sein.«

»M-m«, bewerkstelligten Stimmen. »Kein bißchen!«

Skeet sagte: »Euch ist noch nicht das Blut in den Adern gefroren, wenn ihr noch nicht durch eine Lichtung im Sumpf durch seid und ein Rudel Schweine wühlen und grunzen gehört habt und ihr wißt nicht, wo sie sind, und dann seht ihr ihre Umrisse, bloß so große, niedrige, breite, massige Schatten im Gebüsch auf der anderen Seite, und dann riechen sie euch und verschwinden, verschwinden einfach. Ganz schön unheimlich.« Skeet steckte sich einen Fetzen von dem Barbecue in den Mund, wischte mit einem Stück Brot Soße auf und kaute. Wir warteten, bis er geschluckt hatte, wir da auf der Veranda. Auf dem Rasen unten rannte der Junge, (Ulysses) Lee, kreischend vor den springenden Hunden davon.

Skeet sagte, es sei ein erregender Anblick, wie die Schweine aus dem Wald brächen und quer über die Lichtung liefen, und dann die unbändige Freude der Hunde, sie in gestrecktem Lauf zu verfolgen. Sie hätten die Schweine nach Art der Einheimischen gejagt, sagte er. Man schieße sie dort nicht. Man fange sie mit Hilfe der Hunde ein.

»Wir hatten so einen Hund, halb Catahoula Cur – schon davon gehört?«

»Der Wappenhund von Louisiana«, sagte Hoyt.

»Sieht irgendwie prähistorisch aus«, sagte Skeet. »Die züchten sie drüben im Catahoula-Sumpf in Louisiana. Also, dieser Hund war eine Kreuzung aus einem Catahoula Cur und einem Pitbull, und das ist der beste Wildschweinhund, den's gibt. Wie ein kompakter Dobermann. Die können rennen wie eine Bracke und sind zäh und kräftig wie ein Pitbull. Und sie haben die nötige Prise Bösartigkeit, weil ein Wildschwein eben auch verflucht bösartig ist.« Skeet sagte, er habe einmal im Fernsehen gesehen, wie ein afrikanisches Wildschwein gegen ein ganzes Löwenrudel gekämpft habe, ob wir das auch gesehen hätten. Die Löwen hätten das Wildschwein in Stücke gerissen, doch das habe dabei die ganze Zeit gekämpft. »Also, bei den ganzen Löwenärschen, die sich über ihm in die Luft reckten, und den wedelnden Schwänzen und wie sie ihn zerrissen, zwanzig Löwen oder noch mehr, da konnte man das Wildschwein kaum sehen«, sagte Skeet. Binnen Sekunden hätten sie Stücke von ihm über die ganze

Savanne verstreut, aber sein alter Kopf habe noch immer mit den Hauern blind um sich gestoßen, selbst als einer der Löwen schon an seinem Herzen leckte. Skeet nahm noch einen Bissen von dem Barbecue und kaute, wobei er zum Grashang hinsah, wo der Junge und die Hunde balgten.

»Der Hund, den Titus und ich da hatten, den hatten wir einem Burschen von dort abgekauft, und der hat gesagt, das ist der beste Hund zum Wildschweinfangen, den er je gesehen hat, und er hatte recht.« Titus nickte zustimmend. »Mit dem sind wir raus in den Sumpf, und *peng* hatte er auch schon eine Fährte und ist eine Stunde lang kreuz und quer über den Sumpf gerannt, wir hinterher, und hat erst Ruhe gegeben, als er das Schwein aufgespürt hat.

Wir kommen zu ihm auf eine kleine Lichtung raus, und da hat er so ein mächtiges altes Wildschwein an der Schnauze, hält es mit dem Kopf am Boden, das Schwein schnauft und grunzt, und aus seinen Augen läuft Galle. Also, der Hund hatte es. Aber dann ist uns aufgegangen, warum wir diesen Wunderhund so günstig gekriegt haben.«

»Mir hat mal 'n Prediger 'nen blinden Hund verkauft«, sagte Hoyt. »Hat gesagt, wie scharf der auf Kaninchen wär, und billig. Der Scheißköter zischt hinter 'nem Kaninchen her, als ich ihn von der Leine lasse, und rennt voll gegen eine Eiche und haut sich den Schädel kaputt.«

Alle lachten darüber.

»Der Prediger sagte: ›Ich hab nicht gesagt, daß er nicht blind ist‹«, sagte Hoyt.

»Na, dieser Hund war jedenfalls nicht blind«, sagte Skeet, »nicht im *eigentlichen* Sinn, aber man könnte sagen, er hatte einen blinden Fleck. Der brachte das Schwein zur Strecke, was er ja sollte, packte es an der Schnauze und hielt es an seinem dicken Kopf nach unten, so daß man ran konnte und es an allen vieren fesseln und einsacken konnte. Wie die's dort machen und wie Bailey es hier auch macht, kastrieren und dann ab in einen Pferch, damit das Fleisch ganz allmählich genießbar wird, dann erst werden sie geschlachtet.

Aber der Hund, kaum daß man das Schwein an den Hinterbeinen gepackt und angefangen hat, sie zusammenzubinden, glaubt, daß seine Aufgabe damit erledigt ist, und läßt los.«

Skeet machte eine Pause und blickte uns reihum an. »Und der alte Titus, Gentlemen, spielt da Schubkarren mit einem Wildschwein, das versucht, sich rumzudrehen und ihm mit einem Hauer die Eier abzureißen. Und das Scheißvieh ist bösartig, die Augen blutunterlaufen, Schaum vorm Maul. Das Fleisch ist doch nicht zu zäh, oder?«

Alles murmelte verneinend.

»Auch nicht angegangen, oder?«

Nee, m-m.

»Und Titus hüpft dann schließlich zu einem Baum hin, läßt das Schwein los und springt da hoch, und ich steh schon hinter einem und lins um die Ecke, und das

Schwein rammt seine Hauer in den Baum, auf den Titus grade rauf ist, und rast dann wieder in den Wald, und der Hund – der ist die ganze Zeit rumgesprungen und hat gebellt und geknurrt und nach dem Schwein geschnappt – wieder hinterher. Und Titus ist runtergeklettert, und wir hinter beiden her.«

»Der Hund war gut drin, das Schwein zu *fangen*«, sagte Titus.

»Genau«, sagte Skeet. »Hat eben bloß nicht den Ernst der Lage begriffen, wenn er's mal hatte. Aber wie ich das seh, glaubte der Hund, daß der Mann, sobald er das Wildschwein anfaßte, von dem Wildschwein *Besitz* ergriffen hat, ja, und daß seine Aufgabe – die von dem Hund – damit erledigt war.

Jedenfalls könnt ihr euch vorstellen, daß Titus nicht noch mal zu dem Schwein hin ist, als der Hund es hatte, also versucht es einer der Burschen, die dabei waren, und es passiert genau das gleiche, noch zweimal: Sobald der Mann *das Wildschwein anfaßte*, ließ der Hund los. Und da wurde es schon langsam dunkel. Aber der Bursche, der hieß Beauregard oder so ähnlich –«

»Beaucarte«, sagte Titus.

»– der denkt sich was aus. Und als der Hund das Wildschwein das nächste Mal am Boden hat, schafft er es, das Schwein mit so einem Knoten zu fesseln, ohne es dabei richtig zu berühren, und der Hund beobachtet jede seiner Bewegungen und sieht ihm immer wieder in die Augen und denkt: Warum nimmt der denn das blöde Schwein nicht in Besitz, aber hält es dabei schön fest, bis alles fertig ist. Aber als der Bursche das Schwein dann zu der Stange schleift, an der wir's tragen wollen, hängt der Hund – weil der Mann das Wildschwein ja gar nicht richtig mit den Händen *berührt* hat – hängt der Hund *noch immer* dran und zerrt und knurrt wie ein Welpe, der sich in eine Socke festgebissen hat. Das verdammte Wildschwein heult auf vor Schmerzen und fängt an zu bocken.«

Skeet machte hier eine kleine Pause, um sein Barbecue hinunterzuschlingen, bevor es kalt wurde, und wir warteten, bis er fertig war. Bailey wirkte abwesend, blickte hinaus auf den See, saß reglos da, aß selbst nichts von dem Barbecue.

»Also bleibt der Bursche stehen und sieht zu dem Hund hin, und man sieht, wie er überlegt. Steht einfach da und sieht den Hund an. Und, Mann, waren wir müde, schließlich waren wir den ganzen Tag in dem blöden Sumpf rumgerannt und ziemlich erledigt. Und ich seh, wie der Bursche überlegt, und denke, der müßte sich bloß zu dem Wildschwein runterbeugen und es einmal berühren, dann würde der Hund es loslassen. Und man sieht, wie der Hund ihn anblickt, die Zähne noch immer um die Schnauze des Wildschweins, und zu dem Burschen hochsieht, als wollte er sagen: Also, berührst du das Schwein jetzt oder nicht? Und da zieht der Bursche seine 44er Redhawk, spannt sie und bläst das Mistvieh über den Haufen.«

»Das Wildschwein?« sagt Jack McAdams hoffnungsvoll. Skeet schüttelt den Kopf.

»Den Hund«, sagt er.

»*Euren* Hund?« sagt Hoyt.

»Genau«, sagte Skeet. »Im Endeffekt hat er mir damit wohl einen Gefallen getan.«

Alle hörten auf zu essen, sahen zu Skeet hin, der die letzten Brocken Barbecue auf seinem Teller aß und die Soße und das Fett mit einem Stück Weißbrot auftunkte. Er klapperte mit den Eisstückchen und dem Wasser auf dem Boden seines Glases und leerte das Zuckerwhiskeywasser, und ich sah, wie Russell das bemerkte und ins Haus glitt, um weitere Drinks zu holen.

»Dann hat er ja wohl losgelassen«, sagte Bailey ruhig, tief eingesunken in seinen Adirondack. »Der Hund.«

»*Nein*«, sagte Skeet, »*eben nicht*.

Es war eine einzige Sauerei, der ganze Kopf zerschossen, doch seine Kiefer umklammerten die Schnauze noch immer im Todeskrampf. Er hing in seiner Totenstarre an dem Wildschwein fest. Könnt euch ja vorstellen, in welcher Verfassung das Wildschwein da war, die 44er auf seine Schnauze angelegt und *peng*, kommt eine blaue Flamme rausgespuckt, und der Hundekopf wird aufgerissen, und das Vieh über und über voller Blut und Hirn und Knochen, und die Hundezähne beißen sich noch mehr in seine Nase fest. Das Wildschwein ist durchgedreht. Es sprang auf und warf den Kopf rum, vor Schmerzen brüllend, kriegte fast die Stricke ab und fing an, auf der kleinen Lichtung, auf der wir waren, rumzuhumpeln und auf dem Bauch zu kriechen. Und es zog den Hund mit, schleuderte ihn rum, und der war bloß noch ein Gebiß, das an einem Kadaver hing, bloß noch Körper und Maul.

Inzwischen hatte der alte Beaucarte sich mit den Füßen in den Stricken verfangen, und dann hat der auch noch mit rumgestrampelt in dem halbdunklen stinkenden Sumpf mit einem durchgeknallten Wildschwein und einem toten Hund, und dann versucht dieses verdammte Landei, mit seiner Kanone auf das Schwein zu zielen, und hat es dann schließlich abgeschossen, das Schwein. Da war es dann schon fast dunkel, und alles war still wie im Auge des Hurrikans, und die Luft roch nach Pulverrauch und Blut und so was Komischem wie Schwefel, und wir mitten in dem Sumpfmodder und dem Blut, und uns wurd's ganz anders, die Jagd, die in die Hose gegangen war, und der gute Hund tot, bloß weil er einen Fehler hatte, und alle waren fertig deswegen, besonders diese dürre Bohnenstange Beaucarte.

Im Dunkeln zogen wir dann das Wildschwein und den Hund zum Pick-up, schmissen sie hinten rauf und fuhren zu der Lagerhütte zurück und sagten den beiden Sumpftrotteln auf der Veranda, zwei glotzäugigen Brüdern, sie sollten das Schwein runternehmen, und tranken dann noch Whiskey und ab ins Bett. Am nächsten Tag, wir waren grade am Gehen, kommt einer der Sumpftrottel, Benny hieß der, so 'ne alte billige Pfeife im Mundwinkel, mit 'ner großen Eiskiste voller Fleisch an, eingewickelt in Metzgerpapier, und sagt: ›Wir fahrn jetzt in die Stadt. Ich un' Frederick ham Ihr Fleisch da in die Eiskiste gepackt, und Daddy un' die ham was vom Fleisch von dem großen genomm'.‹«

An der Stelle hielt Skeet inne, ließ die Stille einen Augenblick schweben und nahm einen Schluck von einem frischen Glas, das Russell ihm auf die Armlehne seines Adirondack gestellt hatte. Hoyt zeigte auf seinen Teller.

»Dann sagst du also, das könnte Wildschwein sein oder auch Hund.«

»Schmeckt für Hund ganz schön genießbar«, sagte Bill Burton.

»Manches ist genießbarer, manches weniger«, räumte Skeet ein.

Alle amüsierten sich blendend darüber, wie sie so dasaßen und sich mit den minzigen Zahnstocherkeilen, die Russell in einer kleinen Silberdose herumgereicht hatte, in den Zähnen herumprokelten. Er schenkte die Gläser nach. Der Nachmittag ging angenehm, fast unmerklich die äquinoktiale Bahn dahin, dem Herbst entgegen.

»Ich sag euch was«, sagte Bailey dann. »Ich hab auch 'ne Geschichte für euch. Ist mir bei Skeets Geschichte eingefallen.«

Der unmittelbare Stimmungsumschwung war so greifbar, als wäre einer dahergekommen und hätte jedem von uns eine runtergehauen. Wir saßen auf unseren Adirondacks, eingesunken, schweigend, und versuchten, uns auf den Jungen am See zu konzentrieren, der seinen Hunden, die im Flachen schwammen, den Ball zuwarf. Und hielten den Atem an in der Hoffnung, daß es nicht die ewige Leier von Baileys Kummer werden würde.

»Ihr kennt doch diesen Knaben, meinen ehemaligen Freund und Partner Reid Covert.«

»Bailey, gibt's denn keinen Nachtisch zu diesem schönen Barbecue?« sagte Skeet.

Bailey hielt die Hand hoch. »Nein, also, hört erst mal zu«, sagte er, den Blick irgendwo draußen auf dem See. Er bemühte sich sichtlich um Gelassenheit. »Ist 'ne gute Geschichte, alles im Scherz.«

Na gut, brummelte einer, soll er sie eben erzählen.

»Aber das heißt nicht, daß sie nicht *wahr* ist«, sagte Bailey und wandte sich uns mit einem so maliziösen Grinsen zu, daß er uns alle schon ein wenig für sich eingenommen hatte. Es war das Lächeln eines Geschichtenerzählers. Das Lächeln eines Lügners.

Na schön, sagten alle und lehnten sich zurück, soll er sie erzählen.

»Keiner von euch hat was davon gewußt«, sagte er, »aber ich hab dieser traurigen Trantüte dreimal den Arsch versohlt, bevor ich ihn endgültig los war.«

Dreimal! sagten wir.

»Ihm in den Arsch getreten.«

Nein! sagten wir. Wir hatten frische Mint-Juleps in der Hand. Russell stand in seiner weißen Kellnerjacke an einer Seite und blickte auf den See hinaus. Draußen im Garten jagte der Junge Lee die schokobraunen Labradore Buddy und Junior zum Wasser hinunter. Er hatte einen blauen gummiartigen Ball in der Hand, und er blieb am Wasser stehen und hielt den Ball hoch, und die Hunde sprangen um ihn her in die Luft. Junior schubste den Jungen kräftig herum in dem Versuch, seine Lefzen um den Ball zu kriegen. Er stieß dem Jungen die Brille weg und schnappte sich dann den Ball, als der Junge sich hinkniete, um sie aufzuheben.

»Als ich das erste Mal davon hörte, ging ich zu ihm ins Sprechzimmer und sagte es ihm auf den Kopf zu«, sagte Bailey. »Er stritt es ab. Aber ich wußte verdammt genau, der log. Es war nach fünf. Die Krankenschwestern waren weg, die Sprechstundenhilfe auch, die Versicherungstante ebenfalls. Keine Patienten da. Ich sagte zu ihm: ›Du lügst, Reid.‹ Er saß bloß da und machte ein dummes Gesicht, und da wußte ich, daß ich recht hatte. Ich ging zu ihm hin und verpaßte ihm eine. Mein eigener Partner. Freund seit der Grundschule. Haben zusammen Medizin studiert. Hab ihn so richtig nach Strich und Faden vermöbelt. ›Wie lange läuft das schon?‹ sagte ich. Er saß einfach da. Ich sagte zu ihm, er soll aufstehen, tat er aber nicht. Also hab ich ihm wieder eine verpaßt. Er saß noch immer da. Ich wollte ihn am Hemd von seinem Stuhl hochziehen, aber er hielt sich an den verdammten Armlehnen fest, also verpaßte ich ihm wieder eine. ›Hör auf, Bailey‹, sagte er dann. ›Hör auf, verflucht‹, sag ich. Ich sag: ›Steh auf, du Stück Scheiße.‹ Und er: ›Hör auf, Bailey.‹ Also sag ich: ›Du

Stück Scheiße, du verschwindest jetzt hier aus dem Sprechzimmer, mit uns ist es aus und vorbei.‹ Und bin raus.«

Da waren wir alle wieder still. Es war so schlimm, wie wir befürchtet hatten. Bailey hatte wochenlang nicht gearbeitet. Seine ganzen Patienten mußten nach Birmingham. Reid Covert hatte sich irgendwohin davongemacht, und Baileys Frau, Maryella, hatte sich ebenfalls verzogen. Alle dachten, sie seien zusammen. Und ich dachte, wahrscheinlich soll ich ihm jetzt auch noch bei der Aufteilung von seiner und Reids Praxis helfen.

»Na ja«, fuhr Bailey dann fort, »Maryella wollte nicht mit mir drüber reden, und ich hörte immer wieder, daß sie sich noch immer trafen. Also fuhr ich eines Tages zu seinem Haus hin und kam grade an, als er weg wollte. Ich schnitt ihm mit meinem Auto den Weg ab, stieg aus, ging hin und zog ihn aus seinem Scheiß-Cherokee. Der kriegte die Kiste nicht mal in auf Parken, die ist weitergerollt, gegen eine Kiefer. Und ich, ich hab ihn verdroschen, in seinem eigenen Scheiß-Vorgarten. Da kommt Berry rausgelaufen und kreischt mich an, rennt zurück ins Haus, will die Polizei rufen, und der alte Reid, ich polier dem die Fresse, die Nase ist schon ganz blutig, der streckt den Arm zu Berry aus und sagt: Nein, nicht die Polizei. Ich laß von ihm ab und seh ihm nach, wie er hinter ihr her humpelt, dann hab ich mich wieder ins Auto gesetzt und bin hierher zurückgefahren. Als ich hier ankomme, kommt mir Maryella auf der Einfahrt entgegen, rast raus auf die Straße, eine Staubwolke hinter sich. Verflucht, Berry hat wohl nicht die Bullen, sondern sie angerufen. Verflucht, die hat Lee in dem Scheißgarten mit den Hunden stehenlassen und ist zu ihrer Mutter, kam erst nach zwei Tagen wieder, und als sie dann kam, hatte ich schon ihre Koffer gepackt und sag zu ihr, sie soll bloß verschwinden.«

Das alles – jedenfalls so im Detail – war neu, das hatten wir von den diversen Quellen noch nicht gehört. Der Junge Lee warf nun immer wieder den blauen Ball ins Wasser, und die Hunde schwammen zu ihm raus, schwammen dann wieder zurück, wobei der eine ohne den Ball – zumeist der rüpelige Junior – den, der ihn hatte, also seinen Daddy Buddy, jagte, und ihn ihm wegnahm. Woraufhin der Junge hinter Junior herjagte, sich den Ball schnappte und diesen wieder auf den See hinauswarf.

»Seht euch das an«, sagte Bailey. »Hab ich euch gesagt, daß wir Buddy mit Reids Labradorhündin gepaart haben, um diesen jämmerlichen Junior zu kriegen? Ich hätt diesen verfluchten Hund ersäufen sollen.«

Zwei von uns, Hoyt und ich, standen auf, um uns noch was von dem Barbecue zu holen. Hund oder Schwein, es war gut, und Baileys Geschichte schlug mir böse auf den Magen. Ich mußte unbedingt noch etwas essen.

»Eßt mal schön alles auf«, sagte Bailey. »Was übrig bleibt, kriegen die Nigger.« Der alte Russell, der abseits neben dem Barbecuetisch stand, verlagerte irgendwie das Gewicht und blinzelte, den Blick unverwandt auf dem See. Bailey sah das und spannte die Lippen über den Zähnen. »Entschuldige, Russell«, murmelte er. Russell, die Augen ans andere Ufer des Sees geheftet, wirkte ungerührt. Bailey stand auf, ging hinein und kam mit der Flasche Knob Creek wieder. Er goß sich etwas in seinen Mint-Julep und trank.

»Tja, und dann bin ich ihm eines Tages gefolgt, und ich hab beobachtet, wie er sich mit ihr auf dem Parkplatz des Jachtclubs getroffen hat, und ich bin ihnen bis raus zum Deer Lick-Anleger nachgefahren. Ich hab das Licht ausgemacht und oben an der Straße geparkt und bin zurückgegangen. Ich hatte meine 38er dabei, wollte sie aber nicht umbringen. Ich hatte mir Platzpatronen besorgt und in die kleine Vertiefung an der Spitze ein bißchen Siegelwachs reingedrückt. Ist die euch schon mal aufgefallen, die kleine Vertiefung? Als ich hinkam, waren sie nicht im Auto. Ich sah mich um und sah unten am Strand ein Paar stehen, bloß Schatten im Dunkeln, also ging ich da hin. Als ich zu ihnen hinkomm, drehen sie sich um, und als sie sehen, daß ich das bin, kriegen sie ziemlich Schiß, daß ich da auftauche. Ich tret vor ihn hin und sag: ›Ich hab dir gesagt, Reid, laß es‹, und da schlägt er auch schon zu, haut mich fast um. Wahrscheinlich wollte er wenigstens einmal den ersten Schlag landen. Ich bin dann auf ihn los, und das war dann ein richtiger Straßenkampf mit Haareziehen und Ringen und Treten und immer mal wieder einem Hieb dazwischen, und Maryella hat womöglich auch noch mitgemischt. Schließlich werf ich ihn in den Sand und reiß ihm dabei das Hemd auf. Maryella steht mit den Füßen im Wasser, die Hände vorm Gesicht, und ich steh so über Reid, ganz außer Atem und fertig. Und er sieht zu mir hoch und sagt: ›Du mußt mich schon umbringen, wenn du mich los sein willst, Bailey. Ich liebe sie.‹ Also zieh ich die Pistole aus der Tasche und sage: ›Ist gut.‹ Und ich schieße. Alle fünf.«

Wir waren alle still wie Gespenster. Das Gequieke von dem Jungen und das spielerische Knurren des Hundes Junior und das gutmütige Gekläffe von Buddy, seinem Daddy, das wehte alles vom See hoch. Der Ball flog in hohem Bogen aufs Wasser hinaus, und die Hunde sprangen mit großem Gespritze hinterher.

»Na, der hat gebrüllt, als wär er am Sterben«, sagte Bailey. »Das tat wohl schon weh, Wachs hin oder her, und hat ihm eine Heidenangst gemacht. War verflucht laut. Ich sah, wie sich dunkle Flecken auf seiner Haut bildeten. Reid war ja immer ein blasser Scheißer gewesen. Als er das Blut sieht, fällt ihm der Kopf auf den Sand.

Maryella sagte: ›Du hast ihn umgebracht.‹ Bei Gott, ich hab's auch gedacht. Ich hab gedacht, Menschenskind, jetzt bist du schon so verblödet, daß du vergessen hast, die Platzpatronen reinzutun, und hast den Arsch mit richtigen Kugeln erschossen. Ich spring zu ihm hin und seh's mir an, und da konnt ich dann gleich sehen, daß das nicht der Fall war. Die Wachsstückchen hatten allerdings die Haut durchdrungen, und aus diesen harmlosen Wunden blutete er. Er war in Ohnmacht gefallen.

Und dann hat Maryella die Panik gekriegt. Sie wollte weglaufen. Ich hab sie gepackt und zu Reid zurückgezerrt, um ihr zu zeigen, daß mit ihm alles in Ordnung war, aber sie drischt einfach nur auf mich ein und kreischt: ›Du hast ihn umgebracht, du hast ihn umgebracht!‹, immer wieder. Sie sagte, sie liebt ihn, und daß sie mich nie geliebt hätte. Ich drückte ihr den Kopf in das seichte Wasser da am Strand, aber als ich sie wieder hochzieh, holt sie tief Luft und schreit wieder los: ›Du hast ihn umgebracht, ich hasse dich!‹ Und da springt mir Reid auf den Rücken und drückt mich dabei so nach vorn. Ich hab noch immer Maryellas Hals im Griff, seht ihr, so, und meine Arme waren gerade ausgestreckt, so«, und er streckte die Arme aus, die Hände an deren Ende in der Form eines Hufeisens, so als wenn sie mir gleich um den Hals legt. Bailey blickte auf seine ausgestreckten Hände, einfach so.

»Ich spürte, wie ihr Hals unter meinen Händen brach«, sagte er. »Unter unserem Gewicht, meinem und Reids.« Eine Weile lang sagte er nichts. Ich hörte seinen Jungen Lee vom See nach ihm rufen. Keiner antwortete ihm oder blickte auch nur auf. Wir starrten alle Bailey an, der auf nichts Bestimmtes sah. Er sah müde aus, fast gelangweilt.

»Jedenfalls«, sagte er dann, »konnte ich Reid nicht durchgehen lassen, daß er das verschuldet hat. Ich kriegte die Pistole zu fassen und schlug ihn damit über den Schädel. Dann drückte ich ihn unter Wasser, bis er ertrank.«

Bailey schwenkte die Reste des Mint-Juleps in seinem Glas herum, blickte auf den Bodensatz. Er drehte sein Julepglas um und sog die Eis- und Minzestückchen und den aufgeweichten Zucker vom Boden auf. Dann lehnte er sich in seinen Stuhl zurück, goß sich Bourbon ins Glas und sagte mit einer Stimme, bei der mir eiskalt wurde, weil ich den Dreh dabei erkannte, nämlich die schockierte Phantasie ins Absurde zu lenken: »Als ich sie dann hierher brachte, haben Russells Jungen sie gehäutet und auf die Kohlen gelegt.«

Eine lange Weile herrschte Schweigen, dann brachen McAdams, Bill Burton, Hoyt, Titus und Skeet in eine Art gezwungenes, höfliches Lachen aus.

»Scheiße, Bailey«, sagte McAdams, »für meinen Geschmack hast du das zu gut erzählt.«

»Dann gib mir mal noch was von dem Menschenbarbecue da, Russell«, sagte Titus.

»›Langes Schwein‹ ist, glaube ich, der polynesische Ausdruck dafür«, sagte Skeet.

Ihr Lachen klang nun etwas leichter.

Der Junge Lee kam die Verandastufen hochgerannt.

»Daddy«, sagte er. Er weinte, die Stimme hoch und zitternd. Bailey wandte dem Jungen sein verdüstertes Gesicht wie einem Scharfrichter zu.

»Daddy, Junior will dem alten Buddy was tun.«

Wir blickten hin. Draußen auf dem See schwamm Buddy, den Ball im Maul. Junior versuchte, Buddy auf den Rücken zu klettern. Beide Hunde wirkten müde, die Köpfe ragten kaum noch aus dem Wasser. Junior bestieg Buddy von hinten, und während er Buddy auf den Rücken kletterte, ging der ältere Hund, die Schnauze oben, den Ball noch immer zwischen den Zähnen, unter.

Er kam nicht wieder hoch. Wir standen alle von unseren Stühlen auf. Junior schwamm eine Weile herum. Er schwamm in eine Richtung im Kreis, machte dann kehrt und hielt, wie es schien, mit frischer Energie in eine andere Richtung auf etwas zu. Es war der blaue Ball, der davontrieb. Er schnappte ihn von der Oberfläche und schwamm in Richtung Ufer. Er legte den Ball auf der Böschung ab, schüttelte sich und blickte dann zu uns allen auf der Veranda hoch. Er begann, die Böschung hochzutraben, auf den Jungen zu, der bekümmert im Garten stand.

Bailey war ins Haus gegangen und mit einer Flinte wieder herausgekommen, die wie eine alte Browning aussah. Er riß sie an die Schulter, zielte und feuerte sie unmittelbar über den Kopf des Jungen hinweg auf den Hund ab. Der Junge warf sich flach aufs Gras. Der Hund blieb auf der Stelle stehen und sah zu Bailey, der dastand mit dem Gewehr in der Hand. Er war außer Reichweite.

»Bailey!« brüllte Skeet. »Du triffst noch den Jungen!«

Baileys Gesicht war hochrot und vor Wut aufgedunsen. Seine Blicke schossen über den Rasen. Er sah seinen Jungen Lee im Gras liegen, einen leeren, entsetzten Blick in den Augen. Er senkte den Lauf und legte auf den Jungen an. Der Junge, und ich kann Ihnen sagen, er sah genauso aus wie seine Mutter, sah seinem Daddy direkt in die Augen. Er würde nie wieder nur ein Junge sein. Baileys Brust entrang sich ein kleiner, erstickter Laut, dann schwenkte er das Gewehr hoch über das Wäldchen und feuerte, *bumm*, und der Schuß jagte nahezu sichtbar über die Bäume. Der Knall prallte am andern Ufer ab und hallte, vermindert, zu uns zurück. Junior rannte los, zur Straße hin, den Schwanz zwischen den Beinen. Der Junge lag im Gras und schaute zu seinem Vater hoch. Titus trat hinzu und nahm Bailey die Flinte weg, und der setzte sich wie erschöpft auf den Kiefernboden der Veranda.

»Tja«, sagte er nach einer Weile. »Tja.« Seine Stimme war tief und heiser und krächzig. Ein feines, lautloses Lachen erschütterte ihn. »Was soll ich denn jetzt machen.« Er räusperte sich. »Ich weiß nicht, wen ich sonst fragen soll außer euch.« Er rappelte sich hoch und wankte betrunken zum Barbecuetisch, legte sich ein Sandwich aus Weißbrot und Fleisch zusammen und fing an, es zu verschlingen, als wäre er am Verhungern. Er riß große Stücke davon ab und schluckte sie ganz, steckte dann die Finger in den Mund und lutschte Soße und Fett davon ab. Danach wischte er sich die Hände an seiner Khakihose ab, auf und nieder, als zöge er ein Rasiermesser ab. »Russell« sagte er, sich umblickend, scheinbar unfähig, den Blick auf ihn zu richten, »hol noch 'ne Runde, vielleicht was von dem mexikanischen Bier. Wir brauchen was Leichtes, um das Essen runterzuspülen.« Er fuhr sich mit den Fingern durch die Haare.

Der alte Russell glitt darauf schattengleich heran, nahm Teller, stapelte sie auf einer breiten Hand, lächelte, die Augen dabei aber leer und ausdruckslos wie der Himmel. »Hier, Sah«, sagte er, »ich nehm mal Ihren Teller. Ich helf Ihnen damit. Einer der Jungs soll Ihnen Ihren Wagen vorfahren. Mr. Paul«, sagte er zu mir, »Sie werden wohl bleiben wollen.«

Danach blieb wenig mehr zu sagen. Wir formalisierten die Übertragungsurkunde für das alte Haus in Brasilien auf Russell, dazu auch seinen Anspruch auf Baileys Winnebago. Bei Einbruch der Dunkelheit waren er und sein Clan auf ihre lange Reise in ihr altes Land abgefahren, mit Barbecue und Bier und allem Notwendigen versehen. Die Frauen hatten die Küche blitzsauber hinterlassen. Bailey und ich saßen am Feuer im Salon. Sie hatten Reid Covert und Maryella auf den Scheiterhaufen aus Hickoryholz gelegt, der, zur reinen Glut geworden, dann unser nachmittägliches Essen gegrillt hatte. Es war nicht mehr viel Nennenswertes übriggeblieben, die Kohle hatte sie in der geschwärzten Erde zu feiner Asche zersetzt. Ich konnte Musik hören, wenngleich die Anlage verborgen, nirgends zu sehen war. Es klang wie Schubert, eine jener schwermütigen Sonaten, die wie gemacht sind für das Ende des Tages. In der Hand hielt Bailey ein kleines Stoffbündel, einen winzigen, handtellergroßen Beutel, den Russell ihm gegeben hatte, bevor er ging. Ein kleines Stückchen Leber, Sah, damit die bösen Seelen nicht in Ihren Träumen spuken. Ein kleines Fleckchen von der Stirn des Mannes, der seinem besten Freund die Frau stiehlt. Dieser helle Saft aus ihren Augen, Mr. Bailey, Sie sehen ihn kaum, wo die Hexe der Schönheit in ihr gewohnt hat, jene Augen, die Sie nicht belügen konnten. Nehmen Sie, essen Sie, und Sie werden keine Angst haben. Er glitt bedächtig zur Haustür hinaus und verschwand. Bailey legte den kleinen Beutel auf die glühenden Kohlen im Kamin, sah zu, wie der Stoff schwarz wurde und anfing zu brennen und wie die Fleischstückchen sich ringelten und zu Asche schrumpften. Er war nun ruhig, sein Junge schlief in Kleidern erschöpft in seinem Zimmer oben.

In den letzten Augenblicken auf der Veranda, bevor es uns in eine Traumdämmerung hineingetrieben hatte, war der Nachmittag verebbt, und am andern Ufer des Sees waren die Schatten länger geworden. Die anderen Männer hatten sich wie betäubt verzogen. Die beiden jüngeren Söhne Russells hatten am Ufer gestanden und Seile mit Enterhaken ausgeworfen, um den alten Buddy zu bergen. Baileys Junge hatte auf der Böschung gestanden, sich frierend umklammernd, hatte zugesehen, wie sie die Haken über die Schulter schwangen und losschleuderten, wie die langen Seile auf den See hinausflogen, wo die Haken mit einem kleinen Spritzer silbrigen Wassers landeten. Ein kurz verzögerter Knall drang zu uns wie leises Trommeln vom Wasser und vom Rasen herüber. Bailey stand auf der Treppe und sah ihnen zu, die Hände auf dem Kopf.

»Sieh doch, da«, flüsterte er, in den Worten der Schmerz und das Bedauern seines Lebens. »Der alte Buddy.«

Sie zogen den alten Hund aus dem Wasser. Der Junge Lee fiel auf die Knie. Russells Söhne stellten sich an eine Seite wie Sargträger. Über den Bäumen auf der anderen Seite des Sees verblaßte ein Himmel wie zerfetztes Orangenfleisch. Licht sickerte weg wie ausgelaugt, und körnige Dämmerung stieg von der Erde auf. Lange Zeit regte sich keiner von uns. Ich lauschte auf die sterbenden Laute von Vögeln über dem Wasser und in den Bäumen und dem schwachen Geklapper kleiner scharfer Hauer am Stahlzaun draußen im Wäldchen, ein Laut, der wie aus meinem Herzen kam.

DANK

Dank an Jon Hershey, Ric Dice, Stephanie Bobo und Will Blythe, milde Kritiker und Freunde, an die Horns für das Schreibquartier im Oktober, an Lois Rosenthal für Unterstützung und Beistand sowie an meinen Bruder Craig und meinen verstorbenen Vater, Robert Earl Watson, beides großartige Geschichtenerzähler. Einen besonderen Dank an Alane Salierno Mason, Freundin und Lektorin, durch die alles besser wurde.